U0490856

KUWEI
酷威文化
图书 影视

沈从文情书集

从前一杯甜酒

沈从文 著

四川文艺出版社

图书在版编目（CIP）数据

从前一杯甜酒：沈从文情书集 / 沈从文著 . -- 成都：四川文艺出版社，2023.5
ISBN 978-7-5411-6650-1

Ⅰ.①从… Ⅱ.①沈… Ⅲ.①沈从文（1902-1988）—书信集 Ⅳ.① K825.6

中国国家版本馆 CIP 数据核字 (2023) 第 067094 号

CONGQIAN YIBEI TIANJIU SHENCONGWEN QINGSHU JI

从前一杯甜酒：沈从文情书集

沈从文 著

出 品 人	谭清洁
出版统筹	刘运东
特约监制	王兰颖　李瑞玲
责任编辑	程　川　范菱薇
特约策划	王兰颖
特约编辑	郭海东　陈思宇
营销统筹	桑睿雪
封面设计	卷帙设计
责任校对	段　敏

出版发行	四川文艺出版社（成都市锦江区三色路238号）
网　　址	www.scwys.com
电　　话	010-85526620

印　　刷	天津旭丰源印刷有限公司		
成品尺寸	145mm×210mm	开　本	32开
印　张	8	字　数	230千字
版　次	2023年5月第一版	印　次	2023年5月第一次印刷
书　号	ISBN 978-7-5411-6650-1		
定　价	45.00元		

版权所有·侵权必究。如有质量问题，请与本公司图书销售中心联系更换。010-85526620

目录
CONTENTS

由达园致张兆和（一九三一年六月） 001

在桃源（一九三四年一月十二日） 006

小船上的信（一九三四年一月十三日第一信） 008

泊曾家河——三三专利读物（一九三四年一月十三日第二信） 011

水手们——三三专利读物（一九三四年一月十四日第一信） 013

泊兴隆街（一九三四年一月十四日第二信） 017

河街想象（一九三四年一月十四日第三信） 019

忆麻阳船（一九三四年一月十四日第四信） 021

过柳林岔（一九三四年一月十五日第一信） 023

泊缆子湾（一九三四年一月十五日第二信） 026

今天只写两张（一九三四年一月十六日第一信） 029

第三张（一九三四年一月十六日第二信） 032

过艄子铺长潭（一九三四年一月十六日第三信） 034

夜泊鸭窠围（一九三四年一月十六日第四信） 037

第八张（一九三四年一月十六日第五信） 040

梦无凭据（一九三四年一月十六日第六信） 041

鸭窠围的梦（一九三四年一月十七日第一信） 042

鸭窠围清晨（一九三四年一月十七日第二信） 044

歪了一下（一九三四年一月十七日第三信） 047

滩上挣扎（一九三四年一月十七日第四信） 049

泊杨家岨（一九三四年一月十七日第五信） 054

潭中夜渔（一九三四年一月十七日第六信） 056

横石和九溪（一九三四年一月十八日第一信） 058

历史是一条河（一九三四年一月十八日第二信） 063

离辰州上行（一九三四年一月十九日第一信） 065

虎雏印象（一九三四年一月十九日第二信） 066

到泸溪（一九三四年一月十九日第三信） 068

泸溪黄昏（一九三四年一月十九日第四信） 070

天明号音（一九三四年一月二十日） 072

到凤凰（一九三四年一月二十三日） 074

感慨之至（一九三四年一月二十二日） 075

辰州下行（一九三四年二月一日） 077

再到柳林岔（一九三四年二月二日第一信）	*079*
过新田湾（一九三四年二月二日第二信）	*081*
重抵桃源（一九三四年二月二日第三信）	*084*
武昌（一九三七年十一月六日）	*085*
沅陵（一九三八年四月三日）	*089*
沅陵（一九三八年四月十二日第一信）	*091*
沅陵（一九三八年四月十二日第二信）	*093*
沅陵（一九三八年四月十三日）	*096*
昆明（一九三八年七月三十日第一信）	*098*
昆明（一九三八年八月二日）	*100*
昆明（一九三八年八月十九日）	*101*
颐和园（一九四八年七月二十九日）	*107*
颐和园（一九四八年七月三十日）	*111*
华源轮·巫山（一九五一年十一月一日）	*114*
内江（一九五一年十一月八日）	*117*
内江（一九五一年十一月十九日）	*120*
内江（一九五一年十一月二十九日）	*128*

内江（一九五一年十二月末）	*131*
内江（一九五二年一月十五日）	*134*
内江（一九五二年一月二十五日）	*137*
内江（一九五二年二月二日）	*140*
内江（一九五二年二月九日）	*143*
济南（一九五六年十月八日）	*145*
济南（一九五六年十月十日）	*148*
济南（一九五六年十月十二日）	*151*
济南（一九五六年十月十三日）	*153*
南京（一九五六年十月十八日）	*155*
苏州（一九五六年十月二十三日）	*157*
苏州（一九五六年十月二十四日）	*160*
上海（一九五六年十月二十九日第一信）	*163*
上海（一九五六年十月二十九日第二信）	*165*
上海（一九五六年十一月二日）	*168*
长沙（一九五六年十一月二十四日）	*171*
长沙（一九五六年十一月二十七日）	*173*

长沙（一九五六年十二月五日）	175
长沙（一九五六年十二月九日）	178
长沙（一九五六年十二月十日）	180
凤凰（一九五六年十二月十九日）	184
长沙（一九五六年十二月二十六日）	186
南京（一九五七年四月十四日第一信）	188
南京（一九五七年四月十四日第二信）	191
上海（一九五七年四月二十二日）	193
上海（一九五七年四月二十六日）	195
上海（一九五七年四月三十日）	197
上海（一九五七年五月二日）	200
青岛（一九五七年八月十三日）	203
青岛（一九五七年八月二十三日）	205
青岛（一九五七年八月二十六日）	208
八大处（一九五八年六月第一信）	211
八大处（一九五八年六月第二信）	213
八大处（一九五八年六月第三信）	216

杭州（一九五八年八月二十五日） 218

杭州（一九五八年八月二十六日） 220

苏州（一九五八年九月二十六日） 223

苏州（一九五八年十月十日） 225

南京（一九五八年十一月五日） 227

南京（一九五八年十一月十八日） 229

汉口（一九六〇年三月三日） 230

汉口（一九六〇年三月六日） 231

汉口（一九六〇年三月九日） 233

丹江（一九六〇年三月十四日） 234

宣化（一九六〇年六月二十六日） 236

宣化（一九六〇年六月二十七日） 238

宣化（一九六〇年六月三十日） 239

宣化（一九六〇年九月四日） 241

阜外医院（一九六一年一月下旬） 243

阜外医院（一九六一年二月二日） 247

由达园致张兆和

（一九三一年六月）

我行过许多地方的桥，看过许多次数的云，喝过许多种类的酒，却只爱过一个正当最好年龄的人。

××：

你们想一定很快要放假了。我要玖到××来看看你，我说："玖，你去为我看看××，等于我自己见到了她。去时高兴一点，因为哥哥是以见到××为幸福的。"不知道玖来过没有？玖大约秋天要到北平女子大学学音乐，我预备秋天到青岛去。这两个地方都不像上海，你们将来有机会时，很可以到各处去看看。北平地方是非常好的，历史上为保留下一些有意义极美丽的东西，物质生活极低，人极和平，春天各处可放风筝，夏天多花，秋天有云，冬天刮风落雪，气候使人严肃，同时也使人平静。××毕了业若还要读几年书，倒是来北平读书好。

你的戏不知已演过了没有？北平倒好，许多大教授也演戏，还有从女大毕业的，到各处台上去唱昆曲，也不为人笑话。使戏子身份提高，北平是和上海稍稍不同的。

听说××到过你们学校演讲，不知说了些什么话。我是同她顶熟的一个人，我想她也一定同我初次上台差不多，除了红脸不会有再好的印象留给学生。这真是无办法的，我即或写了一百本书，把世界上一切人的言语都能写到文章上去，写得极其生动，也不会作一次体面的讲话。说话一定有什么天才，×××是大家明白的一个人，说话嗓子洪亮，使人倾倒，不管他说的是什么空话废话，天才还是存在的。

我给你那本书，《××》同《丈夫》都是我自己欢喜的，其中《丈夫》更保留到一个最好的记忆，因为那时我正在吴淞，因爱你到要发狂的情形下，一面给你写信，一面却在苦恼中写了这样一篇文章。我照例是这样子，做得出很傻的事，也写得出很多的文章，一面糊涂处到使别人生气，一面清明处，却似乎比平时更适宜于做我自己的事。××，这时我来同你说这个，是当一个故事说到的，希望你不要因此感到难受。这是过去的事情，这些过去的事，等于我们那些死亡了最好的朋友，值得保留在记忆里，虽想到这些，使人也仍然十分惆怅，可是那已经成为过去了。这些随了岁月而消失的东西，都不能再在同样情形下再现了的，所以说，现在只有那一篇文章，代替我保留到一些生活的意义。这文章得到许多好评，我反而十分难过，任什么人皆不知道我为了什么原因，写出一篇这样文章，使一些下等人皆以一个完美的人格出现。

我近日来看到过一篇文章，说到似乎下面的话："每人都有一种奴隶的德性，故世界上才有首领这东西出现，给人尊敬崇拜。因这奴隶的德性，为每一人不可少的东西，所以不崇拜首领的人，也总得选择一种机会低头到另一种事上去。"××，我在你面前，这德性也显然存在的。为了尊敬你，使我看轻了我自己一切事业。我先是不知道我为什么这样无用，所以还只想自己应当有用一点。到后看到那篇文章，才明白，这奴隶的德性，原来是先天的。我们若都相信崇拜首领是一种人类自然行为，便不会再觉得崇拜女子有什么稀奇难懂了。

你注意一下，不要让我这个话又伤害到你的心情，因为我不是在窘你做什么你所做不到的事情，我只在告诉你，一个爱你的人，如何不能忘你的理由。我希望说到这些时，我们都能够快乐一点，如同读一本书一样，仿佛与当前的你我都没有多少关系，却同时是一本很好的书。

我还要说，你那个奴隶，为了他自己，为了别人起见，也努力想脱离羁绊过。当然这事做不到，因为不是一件容易事情。为了使你感到窘迫，使你觉得负疚，我以为很不好。我曾做过可笑的努力，极力去同另外一些人要好，到别人崇拜我愿意做我的奴隶时，我才明白，我不是一个首领，用不着别的女人用奴隶的心来服侍我，却愿意自己做奴隶，献上自己的心，给我所爱的人。我说我很顽固的爱你，这种话到现在还不能用别的话来代替，就因为这是我的奴性。

××，我求你，以后许可我做我要做的事，凡是我要向你说什么时，你都能当我是一个比较愚蠢还并不讨厌的人，让我有一种机会，说出一些有奴性的卑屈的话，这点点是你容易办到的。你莫想，每一次我说到"我爱你"时你就觉得受窘，你也不用说"我偏不爱你"，作为抗拒别人对你的倾心。你那打算是小孩子的打算，到事实上却毫无用处的。有些人对天成日成夜说："我赞美你，上帝！"有些人又成日成夜对人世的皇帝说："我赞美你，有权力的人！"你听到被称赞的"天"同"皇帝"，以及常常被称赞的日头同月亮，好的花，精致的艺术回答说"我偏不赞美你"的话没有？一切可称赞的，使人倾心的，都像天生就是这个世界的主人，他们管领一切，统治一切，都看得极其自然，毫不勉强。一个好人当然也就有权力使人倾倒，使人移易哀乐，变更性情，而自己却生存到一个高高的王座上，不必作任何声明。凡是能用自己各方面的美撮住别的人灵魂的，他就有无限威权，处置这些东西，他可以永远沉默，日头，云，花，这些例举不胜举。除了一只莺，他被人崇拜处，原是他的歌曲，不应当哑口外，其余被称赞的，大都是沉默的。××，你并不是一只莺。一个皇帝，吃任何阔气东西他都觉得不够，总得臣子恭维，用恭维作为营养，他才适意，因为恭维不甚得体，所以他有时还发气骂人，让人充军流血。××，你不会像皇帝。一个月亮可不是这样的，一个月亮不拘听到任何人赞美，不拘这赞美如何不得体，如何不恰当，它不拒绝这些从心中涌出的呼喊。××，你是我的月亮。你能听一个并不十分聪明的人，用各样声音，各样言语，向你说出各样的感想，而这感想却因为你的存在，如一个光明，照耀到我的生活里而起的，你不觉得这也是生存里一件有趣味的事吗？

"人生"原是一个宽泛的题目，但这上面说到的，也就是人生。

为帝王作颂的人，他用口舌"娱乐"到帝王，同时他也就"希望"到帝王。为月亮写诗的人，他从它照耀到身上的光明里，已就得到他所要的一切东西了。他是在感谢情形中而说话的，他感谢他能在某一时望到蓝天满月的一轮。××,我看你同月亮一样。……是的,我感谢我的幸运,仍常常为忧愁扼着,常常有苦恼(我想到这个时,我不能说我写这个信时还快乐)。因为一年内我们可以看过无数次月亮,而且走到任何地方去,照到我们头上的,还是那个月亮。这个无私的月不单是各处皆照到,并且从我们很小到老还是同样照到的。至于你,"人事"的云翳,却阻拦到我的眼睛,我不能常常看到我的月亮!一个白日带走了一点青春,日子虽不能毁坏我印象里你所给我的光明,却慢慢的使我不同了。"一个女子在诗人的诗中,永远不会老去,但诗人,他自己却老去了。"我想到这些,我十分忧郁了。生命都是太脆薄的一种东西,并不比一株花更经得住年月风雨,用对自然倾心的眼,反观人生,使我不能不觉得热情的可珍,而看重人与人凑巧的藤葛。在同一人事上,第二次的凑巧是不会有的。我生平只看过一回满月。我也安慰自己过,我说:"我行过许多地方的桥,看过许多次数的云,喝过许多种类的酒,却只爱过一个正当最好年龄的人。我应当为自己庆幸……"这样安慰到自己也还是毫无用处,为"人生的飘忽"这类感觉,我不能够忍受这件事来强作欢笑了。我的月亮就只在回忆里光明全圆,这悲哀,自然不是你用得着负疚的,因为并不是由于你爱不爱我。

仿佛有些方面是一个透明了人事的我,反而时时为这人生现象所苦,这无办法处,也是使我只想说明却反而窘了你的理由。

××,我希望这个信不是窘你的信。我把你当成我的神,敬重你,同时也要在一些方便上,诉说到即或是真神也很糊涂的心情,你高兴,你注意听一下,不高兴,不要那么注意吧。天下原有许多稀奇事情,我××××十年,都缺少能力解释到它,也不能用任何方法说明,譬如想到所爱的一个人的时候,血就流走得快了许多,全身就发热作寒,听到旁人提到这人的名字,就似乎又十分害怕,又十分快乐。究竟为什么原因,任何书上提到的都说不清楚,然而任何书上也总时常提到。"爱"解作一种病的名称,是一个法国心理学者的发明,那病的现象,大致就是上述所及的。

你是还没有害过这种病的人,所以你不知道它如何厉害。有些人永远不害这种病，正如有些人永远不患麻疹伤寒，所以还不大相信伤寒病使人发狂的事情。××，你能不害这种病，同时不理解别人这种病，也真是一种幸福。因为这病是与童心成为仇敌的，我愿意你是一个小孩子，真不必明白这些事。不过你却可以明白另一个爱你而害着这难受的病的痛苦的人，在任何情形下，却总想不到是要窘你的。我现在，并且也没有什么痛苦了，我很安静，我似乎为爱你而活着的，故只想怎么样好好的来生活。假使当真时间一晃就是十年，你那时或者还是眼前一样，或者已做了某某大学的一个教授，或者自己不再是小孩子，倒已成了许多小孩子的母亲，我们见到时，那真是有意思的事。任何一个作品上，以及任何一个世界名作作者的传记上，最动人的一章，总是那人与人纠纷藤葛的一章。许多诗是专为这点热情的指使而写出的，许多动人的诗，所写的就是这些事，我们能欣赏那些东西，为那些东西而感动，却照例轻视到自己，以及别人因受自己所影响而发生传奇的行为，这个事好像不大公平。因为这个理由，天将不许你长是小孩子。"自然"使苹果由青而黄，也一定使你在适当的时间里，转成一个"大人"。××，到你觉得你已经不是小孩子，愿意做大人时，我倒极希望知道你那时在什么地方做些什么事，有些什么感想。"萑苇"是易折的，"磐石"是难动的，我的生命等于"萑苇"，爱你的心希望它能如"磐石"。

望到北平高空明蓝的天，使人只想下跪，你给我的影响恰如这天空，距离得那么远，我日里望着，晚上做梦，总梦到生着翅膀，向上飞举。向上飞去，便看到许多星子，都成为你的眼睛了。

××，莫生我的气，许我在梦里，用嘴吻你的脚，我的自卑处，是觉得如一个奴隶蹲到地下用嘴接近你的脚，也近于十分亵渎了你的。

我念到我自己所写到"萑苇是易折的，磐石是难动的"时候，我很悲哀。易折的萑苇，一生中，每当一次风吹过时，皆低下头去，然而风过后，便又重新立起了。只有你使它永远折伏，永远不再做立起的希望。

一九三一年六月　北平

在桃源

（一九三四年一月十二日）

三三：

　　我已到了桃源，车子很舒服。曾姓朋友送我到了地，我们便一同住在一个卖酒曲子的人家，且到河边去看船，见到一些船，选定了一只新的，言定十五块钱，晚上就要上船的。我现在还留在卖酒曲人家，看朋友同人说野话。我明天就可上行。我很放心，因为路上并无什么事情。很感谢那个朋友，一切得他照料，使这次旅行又方便又有趣。

　　我有点点不快乐处，便是路上恐怕太久了点。听船上人说至少得四天方可到辰州①，也许还得九天方到家，这份日子未免使我发愁。我恐怕因此住在家中就少了些日子。但我又无办法把日子弄快一点。

　　我路上不带书，可是有一套彩色蜡笔，故可以作不少好画。照片预备留在家乡给熟人照相，给苗老咪照相，不能在路上糟蹋，故路上不照相。

　　三三，乖一点，放心，我一切好！我一个人在船上，看什么总想到你。

　　我到这里还碰到一个老同学，这老同学还是我廿年前在一处读书的。

二哥

十二日下午五时

---

① 辰州即沅陵。

在路上我看到个贴子很有趣：

  立招字人钟汉福，家住白洋河文昌阁大松树下右边，今因走失贤媳一枚，年十三岁，名曰金翠，短脸大口，一齿凸出，去向不明。若有人寻找弄回者，赏光洋二元，大树为证，绝不吃言。谨白。

三三：我一个字不改写下来给你瞧瞧，这人若多读些书，一定是个大作家。

小船上的信

（一九三四年一月十三日第一信）

　　船在慢慢的上滩，我背船坐在被盖里，用自来水笔来给你写封长信。这样坐下写信并不吃力，你放心。这时已经三点钟，还可以走两个钟头，应停泊在什么地方，照俗谚说，"行船莫算，打架莫看"，我不过问。大约可再走廿里，应歇下时，船就泊到小村边去，可保平安无事。船泊定后我必可上岸去画张画。你不知见到了我常德长堤那张画不？那张窄的长的。这里小河两岸全是如此美丽动人，我画得出它的轮廓，但声音、颜色、光，可永远无本领画出了。你实在应来这小河里看看，你看过一次，所得的也许比我还多，就因为你梦里也不会想到的光景，一到这船上，便无不朗然入目了。这种时节两边岸上还是绿树青山，水则透明如无物，小船用两个人拉着，便在这种清水里向上滑行，水底全是各色各样的石子。舵手抿起个嘴唇微笑，我问他："姓什么？""姓刘。""在这条河里划了几年船？""我今年五十三，十六岁就划船。"来，三三，请你为我算算这个数目。这人厉害得很，四百里的河道，涨水干涸河道的变迁，他无不明明白白。他知道这河里有多少滩，多少潭。看那样子，若许我来形容形容，他还可以说知道这河中有多少石头！是的，凡是较大的，知名的石头，他无一不知！水手一共是三个，除了舵手在后面管舵管篷管纤索的伸缩，前面舱板有两个人。其中一个是小孩子，一个是大人。两个人的职务是船在滩上时，就撑急水篙，左边右边下篙，把钢钻打得水中石头作出好听的声音。到长潭时则荡桨，躬起个腰推扳长桨，把水弄得哗哗的，声音也很幽静温柔。到急水滩时，则两人背了纤索，把船拉去，水急了些，吃力时就伏在石滩上，手足并用的爬行上去。船是只新船，油得黄黄的，干净得可以作为教堂的神龛。我卧的地方较低一些，可听得出水在船底流过的细碎声音。前舱用板隔断，故我可以不被风吹。我坐的是后面，凡为船后的天、地、水，我全可以看到。我就这样一面看水一面想你。我快乐，就想应当同你快乐，我闷，就想要你在我必可以不闷。我同船老板吃饭，我盼望你也在一角吃饭。我至少还得在船上过七个日子，还不把下行的计算在内。你说，这七个日子我怎么办？天气又不很好，并无太阳，天是灰灰的，一切较远的边岸小山同树木，皆裹在一层轻雾里，我又不能照相，也不宜画画。看看船走动时的情形，我还可以在上面写文章，感谢天，我的文章既然提到的是水上的事，在船上实在太方便了。倘若写文章得选择一个地方，我如今所在的地方是太好了一点的。不过我离得你那么远，文章如何写得下去。"我不能写文章，就写信。"我这么打算，我一定做到。我每天可以写四张，若写完四张事情还不说完，我再写。这只手既然离开了你，也只有那么来折磨它了。

　　我来再说点船上事情吧。船现在正在上滩，有白浪在船旁奔驰，我不怕，船上除了寂寞，别的是无可怕的。我只怕寂寞。但这也正可训练一下我自己。我知道对我这人不宜太好，到你身边，我有时真会使你皱眉，我疏忽了你，使我疏忽的原因便只是你待我太好，纵容了我。但你一生气，我即刻就不同了。现在则用一件人事把两人分开，用别离来训练我，我明白你如何在支配我管领我！为了只想同你说话，我便钻进被盖中去，闭着眼睛。你瞧，这小船多好！你听，水声多幽雅！你听，船那么轧轧响着，它在说话！它说："两个人尽管说笑，不必担心那掌舵人。他的职务在看水，他忙着。"船真轧轧的响着。可是我如今同谁去说？我不高兴！

　　梦里来赶我吧，我的船是黄的，船主名字叫作"童松柏"，桃源县人。尽管从梦里赶来，沿了我所画的小堤一直向西走，沿河的船虽万万千千，我的船你自然会认识的。这里地方狗并不咬人，不必在梦里为狗吓醒！

　　你们为我预备的铺盖，下面太薄了点，上面太硬了点，故我很不暖和，在旅馆已嫌不够，到了船上可更糟了。盖的那床被大而不暖，不知为什么独选着它陪我旅行。我在常德买了一斤腊肝,半斤腊肉,在船上吃饭很合适……莫说吃的吧,因为摇船歌又在我耳边响着了,多美丽的声音!

我们的船在煮饭了,烟味儿不讨人嫌。我们吃的饭是粗米饭,很香很好吃。可惜我们忘了带点豆腐乳,忘了带点北京酱菜。想不到的是路上那么方便,早知道那么方便,我们还可带许多北京宝贝来上面,当"真宝贝"去送人!

你这时节应当在桌边做事的。

山水美得很,我想你一同来坐在舱里,从窗口望那点紫色的小山。我想让一个木筏使你惊讶,因为那木筏上面还种菜!我想要你来使我的手暖和一些……

十三日下午五时

泊曾家河——三三专利读物

（一九三四年一月十三日第二信）

  我的小船已泊到曾家河。在几百只大船中间这只船真是个小物件。我已吃过了夜饭，吃的是辣子、大蒜、豆腐干。我把好菜同水手交换素菜，交换后真是两得其利。我饭吃得很好。吃过了饭，我把前舱缝缝罅罅用纸张布片塞好，再把后舱用被单张开，当成幔子一挂，且用小刀将各个通风处皆用布片去扎好，结果我便有了间"单独卧房"了。

  你只瞧我这信上的字写得如何整齐，就可知船上做事如何方便了。我这时倚在枕头旁告你一切，一面写字，一面听到小表嘀嘀嗒嗒，且听到隔船有人说话，岸上则有狗叫着。我心中很快乐，因为我能够安静同你来说话！

  说到"快乐"时我又有点不足了，因为一切纵妙不可言，缺少个你，还不成的！我要你，要你同我两人来到这小船上，才有意思！

  我感觉得到，我的船是在轻轻的、轻轻的在摇动。这正同摇篮一样，把人摇得安眠，梦也十分和平。我不想就睡。我应当痴痴地坐在这小船舱中，且温习你给我的一切好处。三三，这时节还只七点三十分，说不定你们还刚吃饭！

  我除了夸奖这条河水以外真似乎无话可说了。你来吧，梦里尽管来吧！我先不是说冷吗？放心，我不冷的。我把那头用布拦好后，已很暖和了。这种房子真是理想的房子，这种空气真是标准空气。可惜得很，你不来同我在一处！

  我想睡到来想你，故写完这张纸后就不再写了。我相信你从这纸上也可以听到一种摇橹人歌声的，因为这张纸差不多浸透了好听的歌声！

你不要为我难过，我在路上除了想你以外，别的事皆不难过的。我们既然离开了，我这点难过处实在是应当的、不足怜悯的。

二哥

一月十三日下八时

水手们——三三专利读物
（一九三四年一月十四日第一信）

　　天气真冷。昨晚船歇到曾家河，睡得不好，醒了许多次，全是冷醒的。醒了以后就有许久不能再睡去，常常擦自来火看小表的时间。皮袍子全搭到上面还不济事，我悔当时不肯带褥子来。

　　睡不着时我就心想：若落点雪多好。照南方规矩，天太冷了必落雪，一落了雪天就暖和了。天亮时船篷沙沙的响，有人说"落了雪"，我忘了天气，只描摹那雪景。到后天已大亮时，看看雪已落了很多，气候既不转好，各个船又不能开动，你想，半路上停顿下来多急人。这样蹲下去两头无着，我是受不了的。我的船既是包定的，我的日子又有限度，不开船可不行！故我为他们称几斤鱼，这几斤鱼把船弄活动了，这时节的船，已离开原泊地方二十多里了。天气还是极冷，船仍然在用篙桨前进，两岸全是白色，河水清明如玉。一切都好得很！我要你！倘若两个人在这小船上，就一切全不怕了。想到南方天气已那么冷，北方还不知冻到什么样子。我恐怕你寂寞得很，又怕你被人麻烦，被事麻烦，我因此事也做不下去。

　　这船今天能歇到什么地方，我不明白，船上人也不明白。这时已十二点钟，两岸有鸡叫，有狗叫，有人吵骂声音，我算算你们应在桌边吃午饭了。我估计你们也正想到我。我心里很烦乱……

　　今天太冷，我的画也不能着手了。我只坐在被盖里，把纸本子搁在膝上写信，但一面写字一面就不快乐。我忙着到家，也忙着回转北京，但是天知道，这小船走得却如何慢！天气既那么冷，还得使三个划船人在水里风里把船弄上去，心中又不安。使他们高兴倒容易，晚上各人多吃半斤肉，这船就可以在水面上飞。可是我自己，却应当怎

013

么办？三三，我自己真不知道如何办。做了点文章，又做不下去。校改了自己的书一遍，又觉得书也写得平平常常，不足注意。看看四丫头的相同你的相，就想起为四丫头改的文章，还无完成的希望，不知远处有个候补作家，正在如何怨我。照照镜子，镜中的我可瘦得怕人。当真的，人这样瘦，见了家中人又怎么办？我实在希望我回到家中时较肥一点，但天气那么坏，船那么慢，你隔得我又那么远，我有什么办法可以胖些？这么走路上可能要廿多天！

我心里有点着急。但是莫因我的着急便难过。在船上的一个，是应当受点罪，请把好处留给我回来，把眼泪与一切埋怨皆留到我回来再给我，现在还是好好的做事，好好的过日子吧。

我想我的信一定到得不大有秩序，我还担心有些信你收不到。因为在平汉车上发的六七封信，差不多全是交托车站上巡警发的，那些巡警即或不至于把信失掉，也许一搁在袋子里就是两天，保不定长沙的信到时，河南的信反而不到！

我又听到摇橹人歌声了，好听得很。但越好听也就越觉得船上没有你真无意思……

三三，我今天离开你一个礼拜了。日子在旅行人看来真不快，因为这一礼拜来，我不为车子所苦，不为寒冷所苦，不为饮食马虎所苦，可是想你可太苦了。

路上的鱼很好，大而活鲜鲜的鱼，一毛二分钱一斤，用白水煮熟实在好吃得很。这河里原本出好鱼，最好的是青鱼，鲜得如海味，你不吃过也就想不到那个好处。

船停了，真静。一切声音皆像冷得凝固了，只有船底的水声，轻轻的轻轻的流过去。这声音使人感觉到它，几乎不是耳朵，却只是想象。但当真却有声音。水手在烤火，在默默的烤火。

说到水手，真有话说了。三个水手有两个每说一句话中必有个野话字眼儿在前面或后面，我一天来已跟他们学会三十句野话。他们说野话同使用符号一样，前后皆很讲究。倘若不用，那么所说正文也就模糊不清了。我很稀奇，不明白他们从什么方面学来这种野话。

船又开了,为了开船,这船上舵手同水手谈论天气,我试计算计算,十九句话中就说了十七个坏字眼儿。仿佛一世的怨愤,皆得从这些野话上发泄,方不至于生病似的。说到他们的怨愤,我又想到这些人的生活来了。我这次坐这小船,说定了十五块钱到地。吃白饭则一千文一天,合一角四分。大约七天方可到地,船上共用三人,除掉舵手给另一岸上船主租钱五元外,其余轮派到水手的,至多不过两块钱。即作为两块钱,则每天仅两毛多一点点。像这样大雪天气,两毛钱就得要人家从天亮拉起一直到天黑,遇应当下水时便即刻下水,你想,多不公平的事!但这样船夫在这条河里至少就有卅万,全是在能够用力时把力气卖给人,到老了就死掉的。他们的希望只是多吃一碗饭,多吃一片肉,拢岸时得了钱,就拿去花到吊脚楼上女人身上去,一回两回,钱完事了,船又应当下行了。天气虽有冷热,这些人生活却永远是一样的。他们也不高兴,为了船搁浅,为了太冷太热,为了租船人太苛刻。他们也常大笑大乐,为了顺风扯篷,为了吃酒吃肉,为了说点粗糙的关于女人的故事。他们也是个人,但与我们都市上的所谓"人"却相离多远!一看到这些人说话,一同到这些人接近,就使我想起一件事情,我想好好的来写他们一次。我相信若我动手来写,一定写得很好。但我总还嫌力量不及,因为本来这些人就太大了。三三,这些船夫你若见到时,一定也会发生兴味的。船夫分许多种,最活泼有趣勇敢耐劳的为麻阳籍水手,大多数皆会唱会闹,做事一股劲儿,带点憨气,且野得很可爱。麻阳人划船成为专业,一条辰河至少就应当有廿万麻阳船夫。这些人的好处简直不是一个人用口说得尽的,你若来,你只需用眼睛一看就相信我的话了。我过一阵下行,就想搭麻阳船。

三三,你若坐了一次这样小船,文章也一定可以写得好多了。因为船上你就可以学许多,水上你也可以学许多,两岸你还可以学许多!

我回来时当为你照些水手相来,还为你照个住吊脚楼的青年乡下妓女相来(只怕片子太少,到了城中就完事了)。这些人都可爱得很,你一定欢喜他们。

　　我颈脖也写木了,位置不对,我歇歇,晚上在蜡烛下再告你些。

　　　　　　　　　　　　　　　　　　　　　二哥
　　　　　　　　　　　　　　　　　十四日下午一点

泊兴隆街

（一九三四年一月十四日第二信）

船停到一个地方，名"兴隆街"，高山积雪同远村相映照，真是空前的奇观。我想拿了相匣子上去照一个相，却因为毛毛雨落个不停，只好不上岸了。这时还只三点四十分，一时不及断黑，雪不落却落小雨。我冷得很，但手并不木僵。南方的冷与北方不同，南方的冷是湿的，有点讨厌的。穿衣多也无用处。烤火也无用处。

我们的小船因为煮饭吃，弄得满船全是烟子，我担心我的眼睛会为烟子熏坏。如今便是在烟里写这个信的。一面写信，一面依然可以听麻阳人船上的橹歌。船走得太慢，这日子可不好过。上面的人不把日子当数，行船人尤其不明白日子的意义。天气既那么冷，我也不好说话。但多挨一天，在上面住的日子就扣去一天，你说，我多难受。

我还得告你，今天是我的生日！这个生日可过得妙，坐在一只小船上来想念你们，你们若算着日子，也一定想得起今天是我生日！我想同你说话，却办不到，我想同大家笑笑，也办不到。我只有同水手谈话，问长问短，弄得他们哈哈大笑。我还为他们称三斤肉吃。但他们全不知道我如何发急，如何想我的行程。我还想自己照个小相，也无法照。我不知道怎么办就好一点。实在不知道怎么办。

三三，你只看我信写得如何乱，你就会明白我的心如何乱了。我不想写什么，不想说什么。我手冷得很，得你用手来捏才好……这长长的日子，真不好对付！我书又太带少了，画画的纸又不合用，天气又坏，要照相不便照相。我只好躲在舱中，把纸按在膝上，来为你写信。三三，我现在方知道分离可不是年轻人的好玩意儿。当时我们弄错了,其实要来便得全来,要不来就全不来。你只瞧,如今还只是四分之一的别离,已经当不住了,还有廿天,这廿天怎么办!?

十四 四点三十分

河街想象

（一九三四年一月十四日第三信）

三三，我的心不安定，故想照我预定计划把信写得好些也办不到。若是我们两个人同在这样一只小船上，我一定可以作许多好诗了。

我们的小船已停泊在两只船旁边，上个小石滩就是我最欢喜的吊脚楼河街了。可惜雨还不停，我也就无法上街玩玩了。但这种河街我却能想象得出。有屠户，有油盐店，还有妇人提起烘笼烤手，见生人上街就悄悄说话。街上出钱纸，就是用作烧化的，这种纸既出在这地方，卖纸铺子也一定很多。街上还有个小衙门，插了白旗，署明保卫团第几队，做团总的必定是个穿青羽绫马褂的人。这种河街我见得太多了，它告我许多知识，我大部提到水上的文章，是从河街认识人物的。我爱这种地方、这些人物。他们生活的单纯，使我永远有点忧郁。我同他们那么"熟"——一个中国人对他们发生特别兴味，我以为我可以算第一位！但同时我又与他们那么"陌生"，永远无法同他们过日子，真古怪！我多爱他们，五四以来用他们做对象我还是唯一的一人！

我泊船的上面就恰恰是《柏子》文章上提到的东西，我还可以看到那些大脚妇人从窗口喊船上人。我猜想得出她们如何过日子，我猜得毫不错误。

四点

我吃过晚饭了，豆腐干炒肉、腊肝，吃完事后，又煮两个鸡蛋。我不敢多吃饭，因为饭太硬了些，不能消化。我担心在船上拖瘦，回到家里不好看，但照这样下去却非瘦不可的。我想喝点汤就办不到。

想吃点青菜也办不到。想弄点甜东西也办不到。水果中在常德时我买得有梨子同金钱橘,但无用处,这些东西皆不宜于冬天在船上吃……如今既无热水瓶,又无点心,可真只有硬挨了。

又听到极好的歌声了,真美。这次是小孩子带头的,特别娇,特别美。你若听到,一辈子也忘不了的。简直是诗。简直是最悦耳的音乐。二哥蠢人,可惜画不出也写不出。

三三,在这条河上最多的是歌声,麻阳人好像完全是吃歌声长大的。我希望下行时坐的是一条较大的船,在船上可以把这歌学会。

十四日下五点十分

忆麻阳船

（一九三四年一月十四日第四信）

　　天气还早得很，水手就泊了船，水面歌声虽美丽得很，我可不能尽听点歌声就不寂寞！我心中不自在。我想来好好的报告一些消息。从第一页起，你一定还可以收到这种通信四十页。

　　这时节正是五点廿五分，先前摇橹唱歌的那只大船已泊近了我的船边，只听到许多人骂野话，许多篙子钉在浅水石头上的声音，且有人大嚷大骂。三三，你以为这是"吵架"，是不是？你错了。别担心，他们不过是在那里"说话"罢了。他们说话就永远得用个粗野字眼儿，遇要紧事情时，还得在每句话前后皆用野话相衬，事情方做得顺手。这种字眼儿的运用，父子中间也免不了。你不要以为这就是野人。他们骂野话，可不做野事。人正派得很！船上规矩严，忌讳多。在船上客人夫妇间若撒了野，还得买肉酬神。水手们若想上岸撒野，也得在拢岸后的。他们过得是节欲生活，真可以说是庄严得很！

　　船中最美的恐怕应得数麻阳船。大麻阳船有"鳅鱼头"同"五舱子"，装油两千篓，摇橹三十人，掌舵的高据后楼，下滩时真可谓堂皇之至！我就坐过这样大船一次，还有床同玻璃窗，各处皆是光溜溜的。十四年后这船还使我神往。其次是小船，就是我如今坐的"桃源划子"。但我不幸得很，遇到几个懒人。我对他们无办法。我看情形到家中必需十天，这数目加上从北平到桃源的四天，一共就是十四天，下行也许可以希望少两天，但因此一来，我至多也只能在家中住四天了。我运气坏，遇到这种小船真说不出口。看到他们早早的停泊，我竟不知怎么办。照规矩他们又可以自由停泊的，他们可以从各样事情上找机会，说出不能开动的理由。我呢，也觉得天气太冷，不忍要他们在水中受折磨。可是旁人少受些折磨，我就多受些折磨，你说我怎么办？

我先以为我是个受得了寂寞的人，现在方明白我们自从在一处后，我就变成一个不能够同你离开的人了……三三，想起你我就忍受不了目前的一切了。我真像从前等你回信、不得回信时神气。我想打东西，骂粗话，让冷风吹冻自己全身。我明白我同你离开越远也反而越相近。但不成，我得同你在一处，这心才能安静，事也才能做好！我试过如何来利用这长长的日子写篇小说，思想很乱，无论如何竟写不出什么来。

一月十四日下六时

过柳林岔
（一九三四年一月十五日第一信）

昨天晚上我又睡不好，不知什么原因，尽得醒。船走得太慢，使人着急。但天气那么冷，也不好意思催人下水拉船。我昨天不是说已经够冷了吗？今天还更糟！

今早开船时还只七点左右，落得是子子雪，撒在舱板上、船篷上如抛豆子，篙桨把手处皆起了凌，可是船还依然得上滩。从今天为始，我这小船就时时刻刻得上滩了，大约有成百个急水滩得上。

现在已十点，我们业已吃过早饭，船又在开动了。算算日子我已离开了你八天。我的信写了一大堆，皆得到辰州付邮。我知道你着急，可是这信还仍然无法寄来。

路上过的日子，照我们动身时打算，总以为可担心处是危险。现在我方明白，路上危险倒没有，却只是寂寞。一个孤单单的人，坐在一个见方六尺的船舱里，一寸木板下就是汤汤的流水，风雪大了随时皆得泊下……我们的船太不凑巧了点，恰好就遇到这种风雪日子。

船又停了，你说急不急人。船正泊到一个泥堤下，一切声音皆没有，只有水在船底流过的声音。远处的雪一片白，天气好冷！船夫不好意思似的一面骂野话，一面跳上岸去拉纤，望到他们那个背影，我有说不出的同情，不好意思催促。

船开后，我坐在外面看了他们拉船半点钟。雪子落得很密。真冷。若落软雪就好了，目前可似乎还不能落那种雪。照这样走去，也许从桃源到浦市这一段路，将超过七天，可能要十天以上。这预算一超过，我回北平的日子也一定得延长了。我的急与你们的盼望，同样是不能把这路程缩短的。路太长了。

你得好好的做事，不要为我着急，不要为我担忧。我算定这信到你身边时，至迟十来天也就可以回到北平了。这信到辰州方能发出，辰州上浦市两天，浦市过家乡还得坐轿子两天，我在家蹲三天四天，下来有十一天可到北平，故总拢来算算，减去这信在路上的日子，这信到你手边十天后，我也一定可以到北平的。应当这么估计。

冷得很，我手也木了，等等再写。

十五日十一点十五分

三三，我们的船挂了篷，人不必上岸拉，不必用手摇结冰的篙桨，自动的在水面跑了。走得很快，很稳。水手便在火灶旁说笑话。我听他们说了半点钟。

现在还是用帆，风大了些，船也斜斜的。你若到这里来一定怕得喊叫，因为船在水面全是斜的，船边贴水不到一寸。但放心，这船是不作兴入水的。这小船好处在此，上下行全无危险。分量轻，码子小，吃水浅，因此来去自如。我嫌帆小了些，故只想让他们把被单也加上去。但办不到，因为天气太冷了，做什么皆极其费事的。现在还大落子子雪，同雨一样，比雨讨嫌。船上一切皆起了一层薄薄的冰，哑哑的返着薄光。两个水手在灶边烤火，一个舵手就在后艄管绳子同舵把。风景美得很，若人不忙，还带了些酒来，想充雅人，在这船上一定还可作诗的。但我实在无雅兴。我只想着早到早离开。

我苹果还剩八个，这就是说，我只吃了两个，送了别人两个，其余还好好的保留下来，预备送家中人吃。九九那个大的也还好好的在箱子里。我们忘了带点甜东西了，实在应当带些饼干，方能把这日子一部分用牙齿嚼掉。船上冬天最需要的恐怕便是饼干，水果全不想吃。我很想得点稀饭吃，因为不方便也就不要求水手做了。

十二点

这时船已到了柳林岔，多美丽！地方出金子，冬天也有人在水中淘金子！我生平还是第一次看到这样好看地方的。气派大方而又秀丽，真是个怪地方。千家积雪，高山皆作紫色，疏林绵延三四里，林中皆是人家的白屋顶。我船便在这种景致中，快快的在水面上跑。我为了看山看水，也忘掉了手冷身上冷了。什么唐人宋人画都赶不上。看一年也不会讨厌。船就要上滩了，我等等再写。这信让四丫头先看，因为她看了才会把她的送你看。

二哥
十五日下二时半

泊缆子湾
（一九三四年一月十五日第二信）

我的小船已泊定了。地方名"缆子湾"，专卖缆子的地方。两山翠碧，全是竹子。两岸高处皆有吊脚楼人家，美丽到使我发呆。并加上远处叠嶂，烟云包裹，这地方真使我得到不少灵感！我平常最会想象好景致，且会描写好景致，但对于当前的一切，却只能做呆二了。一千种宋元人作桃源图也比不上。

我已把晚饭吃过了，吃了一碗饭、三个鸡子、一碗米汤、一段腊肝。吃得很舒服，因此写信时也从容了些。下午我为四丫头写了个信。我现在点了两支蜡烛为你写信，光抖抖的，好像知道我要写些什么话，有点害羞的神气。我写的是……别说了，我不害羞烛光可害羞！

三三，你看了我很多的信了，应当看得出我每个信的心情。我有时写得很乱，也就是心正很乱。譬如现在呢，我心静静的，信也当静静地写下去。吃饭以前我校过几篇《月下小景》，细细地看，方知道原来我文章写得那么细。这些文章有些方面真是旁人不容易写到的。我真为我自己的能力着了惊。但倘若这认识并非过分的骄傲，我将说这能力并非什么天才，却是耐心。我把它写得比别人认真，因此也就比别人好些的。我轻视天才，却愿意人明白我在写作方面是个如何用功的人。

我还在打量，看如何一来方把我发展完全，不至于把力量糟蹋到其他小事上去。同时还有你，你若用心些，你的成就同我将是一样的。我希望你比我还好，你做得到，一定做得到，我心太杂乱，只有写作能消耗掉。你单纯统一，比我强。

你接到这信时，一定先六七天就接到了我的电报。我的电一定将使你为难。我知道家中并无什么钱。上海那百块钱纵来了,家中这个月就处处要钱用。你一定又得为我借债,一定又得出面借债!想起这些事我很不安。我记起了你给我那两百块钱,钱被九九拿去做学费了,你却两手空空的在青岛同我蹲下去。结婚时又用了你那么多钱。我们两人本来不应当分什么了的。但想起用了那么多钱,三三到冬天来还得穿那件到人家吃茶时不敢脱下的大衣,你想,我怎么好过。三三,我这时还想起许多次得罪你的地方,我眼睛是湿的,模糊了的。我觉得很对不起你。我的人,倘若这时节我在你身边,你会明白我如何爱你!想起你种种好处,我自己便软弱了。我先前不是说过吗?"你生了我的气时,我便特别知道我如何爱你。"现在你并不生我的气,现在你一定也正想着远远的一个人。我眼泪湿湿地想着你一切的过去!

三三,我想起你中公时的一切,我记起我当年的梦,但我料不到的是三三会那么爱我!让我们两个人永远那么要好吧。我回来时,再不会使你生气面壁了。我在船上学得了反省,认清楚了自己种种的错处。只有你,方那么懂我并且原谅我。

我因为冷得很,已把被盖改变了一下,果然暖多了。我已不怎么冷了,睡觉时把衣脱去,一定更暖和了。我们的船傍着一大堆船停泊的,隔船有念书的、唱戏的、说笑话的。我船上水手,则卧在外舱吃鸦片烟,一面吃烟还是一面骂野话。船轻轻地摇摆着,烛光一跳一跳,我猜想你们也正把晚饭吃过为我算着日子。

我一哭了,便心中十分温柔。

我还有五天在这小船上,至少得四天。明天我预备做事了。

我希望到了家中,就可看到我那篇论海派的文章,因为这是你编的……我盼望梦里见你的微笑。

三三,船旁拢了一只麻阳船,一个人在用我那地方口音说话,我真想喊他一声!

还有更动人的是另一个人正在唱"高腔",声音韵极了。动人得很!

你以为我舱里乱七八糟是不是？我不许你那么猜。正相反，我的舱中太干净了，一切皆放光，一切并且极有秩序，是小船上规矩！明天若有太阳，我当为这小舱照个相寄给你。照片因天气不好，还不开始用它。只是今天到柳林岔时，景致太美，便不问光线如何在船头照了一张……

我听到隔船那同乡"果囊""果条伢哉""果才蠢喃"，我真想问问他是"哪那的"①人。三三，乡音还不动人，还有小孩的哭声，这小孩子一定也是"果囊"人的。哭的声音也有地方性，有强烈个性！

十五日下午七点十分

---

① 凤凰话，意思是那个孩子，这真蠢，哪里的。

今天只写两张

（一九三四年一月十六日第一信）

现在已九点钟，小船还不开动，大雪遮盖了一切，连接了天地。我刚吃过饭。我有点着急，但也明白空着急毫无益处。晚上又睡不好。同你离开后就简直不能得到一个夜晚的安睡。但并不妨事，精神可很好。七点左右我就起来看自己的书，校正了些错字，且反复检查了一会。《月下小景》不坏，用字顶得体，发展也好，铺叙也好。尤其是对话。人那么聪明！二十多岁写的。这文章的写成，同《龙朱》一样，全因为有你！写《龙朱》时因为要爱一个人，却无机会来爱，那作品中的女人便是我理想中的爱人。写《月下小景》时，你却在我身边了。前一篇男子聪明点，后一篇女子聪明点。我有了你，我相信这一生还会写得出许多更好的文章！有了爱，有了幸福，分给别人些爱与幸福，便自然而然会写得出好文章的。对于这些文章我不觉得骄傲，因为等于全是你的。没有你，也就没有这些文章了。而且是习作，时间还多呐。

我今天想做点事，写两篇短论文，好在辰州时付邮。故只预备为你写两张信。我的小船已开动了，看情形，到家中至少还得七天。我发现所带的信纸太少了，在路上就会完事，到家后不知用什么来写信。我忘了告你把信寄存到辰州邮局的办法了，若早记着这一种办法，则我船到辰州时，可看到你几封信，从家中回辰时，又可接到你一大批信了。多有你些信，我在路上也一定好过些。

我真希望你梦里来找寻我，沿河找那黄色小船！在一万只船中找那一只。好像路太远了点，梦也不来。我半夜总为怕人的梦惊醒，心神不安，不知吃什么就好些。我已买了一顶绒帽，同我两人在前门大街看到的一样，花去了四角钱。还不能得一双棉鞋，就因为桃源地方各处便买不出棉鞋。我也许到辰州便坐轿子回去，因为轿子到底快一些。坐轿人可苦一点，然而只要早到早回，苦点也不在乎了。天气太冷，空气也仿佛就要结冰的样子。乡村有鸡叫，鸡声也似乎寒冷得很。来得不凑巧，想不到南方的冷比北方还坏些。

又有了橹歌。简直是诗！在这些歌声中我的心皆发抖，它好像在为我唱的，为爱而唱的。事实上是为了劳动而自得其乐唱的。下水船摇橹不费事！

船坐久了心也转安静，但我还是受不了的。每一桨下去，我皆希望它去得远一点，每一篙撑去，我皆希望它走得快一点。但一切无办法。水太急了，天气又太冷。

今天小船还得上一个大滩，也许我就得上岸走路。这滩上照例有若干大船破碎不完的搁在浅水中，照例每天有船坏事。你可放心，这全是大船出的乱子，小船分量轻，面积小，还无资格搁在那地方的！并且上水从河边走，更无所谓危险。这信到你手边时，过三四天我一定又坐着这样小船在下滩了。那滩名"青浪滩"，问九九，九九知道。滩长廿五里，不到十分钟可以下完。（原信旁注："共四十里廿分钟直下，好险！"）至于上去，可就麻烦了，有时一整天。大船上去得一整天，小船则两三个钟头够了。天气好些，我当照个相，送给你领略一下，将来上行时有个分寸。四丫头一定不怕这种滩水，因为她的大相在旅行中还是笑眯眯的。

我小船已上一小滩了，水吼得吓人，浪打船边舱板很重。我不怕，我不怕。有了你在我心上，我不拘做什么皆不吓怕了。你还料不到你给了我多少力气和多少勇气。同时你这个人也还不很知道我如何爱你的。想到这里我有点小小不平。

我今天恐不能为你作画了，我手冻得发麻，画画得出舱外风中去，更容易把手冻僵，故今天不拿铅笔。山同水越到上面也越好，同时也似乎因为太奇太好，更不能画它了。你若见到了这里的山，你就会觉得崂山那些地方建筑房子太可笑了。也亏山东人好意思，把那些地方也当成好风景，而且作为修仙学道的地方。真亏他们。你明年若可以离开北京了，我们两人无论如何上来一趟，到辰州家中住一阵，看看这里不称为风景的山水，好到什么样子。我还希望你有机会同我到凤凰住住，你看那些有声有色的苗人如何过日子！

　　三三，我的小船快走到妙不可言的地方了，名字叫"鸭窠围"，全河是大石头，水却平平的，深不可测。石头上全是细草，绿得如翠玉，上面盖了雪。船正在这左右是石头的河中行走。"小阜平冈"，我想起这四个字。这里的小阜平冈多着……

　　　　　　　　　　　　　　　　　　　二哥
　　　　　　　　　　　　　　　　一月十六十点

第三张

（一九三四年一月十六日第二信）

我不是说今天只预备写两页信吗？这不成的。两岸雀鸟叫得动人得很，我学它们叫，文章也写不下去了。现在我已学会了一种曲子，我只想在你面前来装成一只小鸟，请你听我叫一会子。南边与北方不同的地方也就在此，南方冬天也有莺、画眉、百舌。水边大石上，只要天气好，每早就有这些快乐的鸟，据在上面晒太阳，很自得地啭着喉咙。人来了，船来了，它便飞入岸边竹林里去。过一会，又在竹林里叫起来了。从河中还常常可以看到岸上有黄山羊跑着，向林木深处窜去。这些东西同上海法国公园养的小獐一个样子，同样的色泽，同样的美而静，不过黄羊胖一点点罢了。

你还记得在崂山时看人死亡报庙时情形没有？一定还好好记得。我为那些印象总弄得心软软的。那真使人动心，那些吹唢呐的，打旗帜的，戴孝的，看热闹的，以至于那个小庙，使人皆不容易忘掉。但你若到我们这里来，则无事不使你发生这种动人的印象。小地方的光、色、习惯、观念，人的好处同坏处，凡接触到它时，无一不使你十分感动。便是那点愚蠢、狡滑，也仿佛使你城市中人非原谅他们不可。不是有人常常问到我们如何就会写小说吗？倘若许我真真实实的来答复，我真想说："你到湘西去旅行一年就好了。"但这句话除了你恐怕无人相信得过。

你这人好像是天生就要我写信似的。见及你，在你面前时，我不知为什么就总得逗你面壁使你走开，非得写信赔礼赔罪不可。同你一离开，那就更非时时刻刻写信不可了。倘若我们就是那么分开了三年两年，我们的信一定可以有一箱子了。我总好像要同你说话，又永远说不完事。在你身边时，我明白口并不完全是说话的东西，故还有时默默的。但一离开,这只手除了为你写信,别的事便无论如何也做不好了。可是你呢？我还不曾得到你一个把心上挖出来的信。我猜想你寄到家中的信,也一定因为怕家中人见到,话说得不真。若当真为了这样小心,我见到那些信也看得出你信上不说、另外要说的话。三三,想起我们那么好,我真得轻轻的叹息,我幸福得很,有了你,我什么都不缺少了。

二哥
十六午前十一点廿分

过艄子铺长潭

（一九三四年一月十六日第三信）

船已上了第一个大滩，你见了那滩会不敢睁眼睛。我在急流中画了三幅画，照了三个相。光线不好，恐怕照不出什么。至于画的画，不过得其仿佛罢了。现在船已到长潭中了，地方名"艄子铺"。泊了许多不敢下行的大船，吊脚楼整齐得稀有少见，全同飞阁一样，去水全在三十丈以上，但夏天发水时，这些吊脚楼一定就可以泊船了。你见到这些地方时，你真缺少赞美的言语。还有木筏，上面种青菜的东西，多美！

一到下午我就有点寂寞，做什么事皆不得法，我做了阵文章，没有意思，又不再继续了。我只是欢喜为你写信，我真是这样一个没出息的人……

我前面有木筏下来了，八个人扳桡，还有个小孩子。上面一些还有四个筏，皆慢慢的在下行，每个筏上四围皆有人扳桡。你想明白桡是什么，问问九妹，她说的必比我形容的还清楚。这些木筏古怪得有趣，上面有菜，有猪羊，还有特别弄来在筏上供老板取乐的。你若不见过，你不能想象它们如何好看、好玩！

我们的船既上了滩，在潭中把风篷扯满，现在正走得飞快，不要划它。水手们皆蹲在火边去了，我却推开了前舱门看景致，一面看一面伏在箱上为你写信。现在船虽在潭中走，四面却全是高山，同湖泊一样。这小船一直上去皆那么样，远山包了近山，水在山弯里找出路，一个陌生人见到，也许还以为在湖里玩的。可以说像湖里，水却不是玩的。山的倾斜度过大，面积过窄，水流太速，虽是在潭中，你见了也会头晕的。

……

我的船又在上小滩了，滩不大，浪也不会到船上来，我还依然能够为你写信……路上并无收信处，我已积存了七封信，到辰州时一定共有十封信发出。我预备一大堆放在一个封套中当快信发出。

我的小船不是在小滩上吗？差一点出了事了。船掉头向下溜去，倒并无什么危险，只是多费水手些力罢了。便因为这样，前后的水手就互相骂了六七十句野话。船上骂野话不作兴生气，这很有意思。并且他们那么天真烂熳的骂，也无什么猥亵处，真是古怪的事。

这船上主要的水手有三块四毛钱一趟的薪水，每月可划船两趟。另一学习水手八十吊钱一年，也可以说一块钱一个月，事还做得很好。掌舵的从别处租船来划，每年出钱两百吊，或百二十吊，约合卅块钱到二十四块钱。每次他可得十五元运费，带米一两石又可赚两元，每次他大约除开销外剩五元，每月可余十来块钱。但这人每天得吃三百钱烟，因此驾船几十年，讨个老婆无办法，买条值洋三十元的小船也无办法。想想他们那种生活，真近于一种奇迹！

我这信写了将近一点钟了，我想歇歇，又不愿歇歇。我的小船正靠近一只柴船，我看到一个人穿青羽绫马褂在后艄砍柴，我看准了他是个船主。我且想象得出他如何过日子，因为这人一看（从船的形体也可看出）是麻阳人，麻阳人的家庭组织生活观念，我说起来似乎比他们自己还熟悉一点。麻阳人不讨嫌，勇敢直爽耐劳皆像个人，也配说是个人。这河里划船的麻阳人顶多，弄大船，装油几千篓，尤其非他们不可。可是船多货少，因此这些船全泊在大码头上放空，每年不过一回把生意，谁想要有那么一只船，随时皆可以买到的。许多船主前几年弄船发了财的，近几年皆赔了本。想支持下去，自己就得兼带做点生意，但一切生意皆有机会赔本，近些日子连做鸦片烟生意的也无利可图，因此多数水面上人生活皆很悲惨，并无多少兴致。这种现象只有一天比一天坏，故地方经济真很使人担心。若照这样下去，这些人过一阵便会得到一个更悲惨的境遇的。我还记得十年前这河里的情形，比现在似乎是热闹不少的。

今天也许因为冷些，河中上行的船好像就只我的小船，一只小到不过三丈的船,在那么一条河中走动,船也真有点寂寞之感!我们先计划四天到辰州,失败了,又计划五天到辰州,又失败了。现在看情形也许六天,或七八天方可到辰州了……我想起真难受。

二哥
十六三点廿五

夜泊鸭窠围

（一九三四年一月十六日第四信）

我小船停了，停到鸭窠围。中时候写信提到的"小阜平冈"应当名为"洞庭溪"。鸭窠围是个深潭，两山翠色逼人，恰如我写到翠翠的家乡。吊脚楼尤其使人惊讶，高矗两岸，真是奇迹。两山深翠，惟吊脚楼屋瓦为白色，河中长潭则湾泊木筏廿来个，颜色浅黄。地方有小羊叫，有妇女锐声喊"二老""小牛子"，且听到远处有鞭炮声与小锣声。到这样地方，使人太感动了。四丫头若见到一次，一生也忘不了。你若见到一次，你饭也不想吃了。

我这时已吃过了晚饭，点了两支蜡烛给你写报告。我吃了太多的鱼肉。还不停泊时，我们买鱼，九角钱买了一尾重六斤十两的鱼，还是顶小的！样子同飞艇一样，煮了四分之一，我又吃四分之一的四分之一，已吃得饱饱的了。我生平还不曾吃过那么新鲜那么嫩的鱼，我并且第一次把鱼吃个饱。味道比鲥鱼还美，比豆腐还嫩，古怪的东西！我似乎吃得太多了点，还不知道怎么办。

可惜天气太冷了，船停泊时我总无法上岸去看看。我欢喜那些在半天上的楼房。这里木料不值钱，水涨落时距离又太大，故楼房无不离岸卅丈以上，从河边望去，使人神往之至。我还听到了唱小曲声音，我估计得出，那些声音同灯光所在处，不是木筏上的簰头在取乐，就是有副爷们船主在喝酒。妇人手上必定还戴得有镀金戒子。多动人的画图！提到这些时我是很忧郁的，因为我认识他们的哀乐，看他们也依然在那里把每个日子打发下去，我不知道怎么样总有点忧郁。正同读一篇描写西伯利亚方面农人的作品一样，看到那些文章，使人引起无言的哀戚。我如今不止看到这些人生活的表面，还用过去一分经验接触这种人的灵魂。真是可哀的事！我想我写到这些人生活的作品，还应当更多一些！我这次旅行，所得的很不少。从这次旅行上，我一定还可以写出很多动人的文章！

三三，木筏上火光真不可不看。这里河面已不很宽，加之两面山岸很高（比崂山高得远），夜又静了，说话皆可听到。羊还在叫。我不知怎么的，心这时特别柔和。我悲伤得很。远处狗又在叫了，且有人说："再来，过了年再来！"一定是在送客，一定是那些吊脚楼人家送水手下河。

风大得很，我手脚皆冷透了，我的心却很暖和。但我不明白为什么原因，心里总柔软得很。我要傍近你，方不至于难过。我仿佛还是十多年前的我，孤孤单单，一身以外别无长物，搭坐一只装载军服的船只上行，对于自己前途毫无把握，我希望的只是一个四元一月的录事职务，但别人不让我有这种机会。我想看点书，身边无一本书。想上岸，又无一个钱。到了岸必须上岸去玩玩时，就只好穿了别人的军服，空手上岸去，看看街上一切，欣赏一下那些小街上的片糖，以及一个铜元一大堆的花生。灯光下坐着扯得眉毛极细的妇人。回船时，就糊糊涂涂在岸边烂泥里乱走，且沿了别人的船边"阳桥"渡过自己船上去，两脚全是泥，刚一落舱还不及脱鞋，就被船主大喊："伙计副爷们，脱鞋呀。"到了船上后，无事可做，夜又太长，水手们爱玩牌的，皆蹲坐在舱板上小油灯下玩牌，便也镶拢去看他们。这就是我，这就是我！三三，一个人一生最美丽的日子，十五岁到廿岁，便恰好全是在那么情形中过去了，你想想看，是怎么活下来的！万想不到的是，今天我又居然到这条河里，这样小船上，来回想温习一切的过去！更想不到的是，我今天却在这样小船上，想着远远的一个温和美丽的脸儿，且这个黑脸的人儿，在另一处又如何悬念着我！我的命运真太可玩味了。

我问过了划船的，若顺风，明天我们可以到辰州了。我希望顺风。船若到得早，我就当晚在辰州把应做的事做完，后天就可以再坐船上行。我还得到辰州问问,是不是云六①已下了辰。若他在辰州,我上行也方便多了。

现在已八点半了,各处还可听到人说话,这河中好像热闹得很。我还听到远远的有鼓声,也许是人还愿。风很猛,船中也冰冷的。但一个人心中倘若有个爱人,心中暖得很,全身就冻得结冰也不碍事的!这风吹得厉害,明天恐要大雪。羊还在叫,我觉得稀奇,好好的一听,原来对河也有一只羊叫着,它们是相互应和叫着的。我还听到唱曲子的声音,一个年纪极轻的女子喉咙,使我感动得很。我极力想去听明白那个曲子,却始终听不明白。我懂许多曲子。想起这些人的哀乐,我有点忧郁。因这曲子我还记起了我独自到锦州,住在一个旅馆中的情形,在那旅馆中我听到一个女人唱大鼓书,给赶骡车的客人过夜,唱了半夜。我一个人便躺在一个大炕上听窗外唱曲子的声音,同别人笑语声。这也是二哥!那时节你大概在暨南读书②,每天早上还得起床来做晨操!命运真使人惘然。爱我,因为只有你使我能够快乐!

二哥

我想睡了。希望你也睡得好。

十六日下八点五十

---

① 即作者的大哥沈云六。
② 指暨南大学女子部(中学),在南京。

第八张
（一九三四年一月十六日第五信）

　　我把船舱各处透风地方皆用围巾、手巾、书本、长衫塞好后，应当躺到冷被中睡觉了，一时却不想睡。与其冷冰的躺在舱板上听水声，不如拥被坐着，借烛光为你写信较好。我今天快写到八张了，白日里还只说预备写两张。倘若这是罪过，这罪过应各个人负一半责……

　　今夜里风特别大了些，一个人坐在舱里，对着微抖的烛光，作着客中怀人的神气，也有个味儿。我在为你计算，这时你同九妹也许还在炉边同张大姐谈话……也许在估计我的行程，猜想我在小船上的生活，但你绝想不到我现在还正在为你写信！我希望你记得有日记，因为记下了些你的事情，到我回来时，我们就可以对照，看同一天你做了些什么，想了些什么，我又做了些什么，想到些什么……

　　现在河中还有人说话，还可隐约听到远处的鼓声，我寂寞得很。这里水没有声音，但船的摇荡却可以从感觉中明白。有时这小船还忽然一搁，也许是大鱼头碰着船底的。我相信船边一定有鱼，因为吃晚饭时我倒了些残饭到水中，这时就听得明明白白，水中有种声音。

　　我太冷了，管他能睡不能睡，我只好躺下去。到了半夜若又冷醒了，实在睡不着时，我便再爬起来写信。说起写信，我记起了两年前或一年前的情形来了，比一比，我便觉得现在太幸福了。

二哥
十六下九点五十分

梦无凭据

（一九三四年一月十六日第六信）

　　我脱了衣又披起衣来写信了。天气太冷，睡不下去，还不如这样坐起来同你写点什么较好。我不想就睡。因为梦无凭据，与其等候梦中见你，还不如光着眼睛想你较好！你现在一定睡了，你倘若知道我在船上的情形，一定不会睡着的。你若早知道小船上一堆日子是怎样过的，也许不会让我一个人回家的。我本来身体很疲倦，应得睡了，但想着你，心里却十分清醒。我抓我自己的头发，想不出个安慰自己的方法。我很不好受。

二哥
十六日下十点十分

鸭窠围的梦

（一九三四年一月十七日第一信）

　　五点半我又醒了，为噩梦吓醒的。醒来听听各处，世界那么静。回味梦中一切，又想到许多别的问题。山鸡叫了，真所谓百感交集。我已经不想再睡了。你这时说不定也快醒了！你若照你个人独居的习惯，这时应当已经起了床的。

　　我先是梦到在书房看一本新来的杂志，上面有些稀奇古怪的文章，后来我们订婚请客了，在一个花园中请了十个人，媒人却姓曾。一个同小五哥年龄相仿佛的中学生，但又同我是老同学。酒席摆在一个人家的花园里，且在大梅花树下面。来客整整坐了十位，只其中曾姓小孩子不来，我便去找寻他，到处找不着，再赶回来时客全跑了，只剩下些粗人，桌上也只放下两样吃的菜。我问这是怎么回事，方知道他们等客不来，各人皆生气散了。我就赶快到处去找你，却找不到。再过一阵，我又似乎到了我们现在的家中房里，门皆关着，院子外有狮子一只咆哮，我真着急。想出去不成，想别的方法通知一下你们也不成。这狮子可是我们家养的东西，不久张大姐（她年纪似乎只十四岁）拿生肉来喂狮子了，狮子把肉吃过就地翻筋斗给我们看。我同你就坐在正屋门限上看它玩一切把戏，还看得到好好的太阳影子！再过一阵我们出门野餐去了，到了个湖中央堤上，黄泥做成的堤，两人坐下看水，那狮子则在水中游泳。过不久这狮子理着项下长须，它变成了同于右任差不多的一个胡子了……

　　醒来只听到许多鸡叫，我方明白我还是在小船上。我希望梦到你，但同时还希望梦中的你比本来的你更温柔些。可是我成天上滩，在深山长潭里过日子，梦得你也不同了。也许是鲤鱼精来做梦，假充你到我面前吧。

　　这时真静，我为了这静，好像读一首怕人的诗。这真是诗。不同处就是任何好诗所引起的情绪，还不能那么动人罢了。这时心里透明的，想一切皆深入无间。我在温习你的一切。我真带点儿惊讶，当我默读到生活某一章时，我不止惊讶。我称量我的幸运，且计算它，但这无法使我弄清楚一点点。你占去了我的感情全部。为了这点幸福的自觉，我叹息了。

　　倘若你这时见到我，你就会明白我如何温柔！一切过去的种种，它的结局皆在把我推到你身边心上，你的一切过去也皆在把我拉近你身边心上。这真是命运。而且从二哥说来，这是如何幸运！我还要说的话不想让烛光听到，我将吹熄了这支蜡烛，在暗中向空虚去说。

二哥

鸭窠围清晨

（一九三四年一月十七日第二信）

这时已七点四十分了，天还不很亮。两山过高，故天亮较迟。船上人已起身，在烧水扫雪，且一面骂野话玩着。对于天气，含着无可奈何的诅咒。木筏正准备下行，许多从吊脚楼上妇人处寄宿的人，皆正在下河，且互相传着一种亲切的话语。许多筏上水手则各在移动木料。且听到有人锐声装女人无意思的天真烂漫地唱着，同时便有斧斤声和锤子敲木头的声音。我的小船也上了篷，着手离岸了。

昨晚天气虽很冷，我倒好。我明白冷的原因了。我把船舱通风处皆堵塞了一下，同时却穿了那件旧皮袍睡觉。半夜里手脚皆暖和得很，睡下时与起床时也很舒服方便。我小船的篷业已拉起，在潭里移动了。只听到人隔河岸："牛保，牛保，到哪囊去了？"河这边等了许久，方仿佛从吊脚楼上一个妇人被里逃出，爬在窗边答着："宋宋，宋宋，你喊哪样？早咧。""早你的娘！""就算早我的娘！"最后一句话不过是我想象的，因为他已沉默了，一定又即刻回到床上去了。我还估想他上床后就会拧了一下那妇人，两人便笑着并头睡下了的。这分生活真使我感动得很。听到他们的说话，我便觉得我已经写出的太简单了。我正想回北京时用这些人做题材，写十个短篇，或我告给你，让你来写。写得好，一定是种很大的成功。这时我们的船正在上行，沿了河边走去，许多大船同木筏，昨晚停泊在上游一点的，也皆各在下行，我坐在舱中，就只听到水面人语声，以及橹桨搅水声，与橹桨本身被推动时咿咿呀呀声。这真是圣境。我出去看了一会儿，看到这船筏浮在水面，船上还扬着红红的火焰同白烟，两岸则高矗而上，如对立巨魔，颜色墨绿。不知什么地方有老鸦叫着出窠，不知什么地方有鸡叫着，且听得着岸旁有小水鸡吱吱吱吱的叫,不知它们是种什么意思,却可以猜想它们每早必这样叫一大阵。这点印象实实在在值得受份折磨得到它。

我正计算了一阵日子。我算作八号动身,应在下月七号与地见你。今天我已走了十天,至多还加个五天我必可到家。若照船上人说来,他们包我下行从浦市到桃源作三天(这一段路上行我们至少需八天),从桃源到常德一天,从常德到长沙一天,从长沙到汉口一天,汉口停一天,再从汉口到北平两天,加上从我家回到浦市两天,则路上共需十一天。共加拢来算算,则我可在家中住四天。恐怕得多住一天,则汉口我不耽搁,时间还是一样的……今天十七,我快则二十天后可以见你,慢也不过二十三天,我希望至迟莫过十号,我们可以在北京见面。我希望这次回到家中,可以把你一切好处让家中人知道,我还希望为你带些有趣味的东西,同家中人对你的好意给你。我一到家一定就有人问:"为什么不带张妹来?"我却说:"带来了,带来了。"我带来的是一个相片,我送他们相片看。事实上则我当真也把你带来了,因为你在我的心上!不过我不会把这件事告给人,我不让他们从这个事情上得到一个发笑的机会。一个人过分吝啬本不是件美德,我可不能不吝啬了。

今天风好像不很大,船会赶不到辰州。然而至多明天我总可到辰州的。我一到地就有两件事可做,第一是打电话回去,告大哥我已到了辰州,第二是打电报给你希望你把钱寄来。我这次下行,算算有九十块钱已够了,但我希望手边却有一百廿块钱,因为也许得买点东西回北京来送人。这里许多东西皆是北京人的宝贝,正如同北京许多东西是这里宝贝一样。我动身时一定有人送我小东小西,我真盼望所有东西全是可以使你欢喜的,或转送四丫头,使四丫头惊奇的。

这时已八点四十,天还黯黯的。也许这小表被我拨快了一些,也许并不是小表的罪过。从这次上行的经验看来,不拘带什么皆不会放坏,故下行时也许还可以为你带些古怪食物!九九是多年不吃冻菌了的,我预备为她带些冻菌。你欢喜酸的,我预备请大嫂为你炒一罐胡葱酸。四丫头倾心苗女人,我可以为她买一块苗妇人手做的冻豆腐。

时间若许我从容些，我还能同三哥到乡下去赶次场，说不定我尚可为四丫头带点狗肉来。我想带的可太多了，一个火车厢恐怕也装不下。正因为这样子，或者我一样不带。

我忘了问张大姐要些什么了。请先告她，我若到苗乡去，当为她带个苗人用的顶针或针筒来。我那里针筒皆镂花，似乎还不坏。我还听同乡说本城酱油已出名，且成为近日来运销出口的一种著名东西，下可以到长沙，上可以到川东黔省，真想不到。我无论如何总为你们带点酱油来的。

九点四十五分，我小船停泊在一个滩乱石间，大家从从容容吃过了早饭。又吃鱼。吃了饭后船上人还在烤烤火，我就画了一个对河的小景。对河有人家处色泽极其美丽，名为"打油溪"。还有长长的墙垣，一定就是油坊。住在这种地方不作诗却来打油，古怪透了。画刚打好稿子，船就开了。今天小船还应上两个大滩，"九溪"同"横石"，这滩还不很难上，可是天气怪冷，水手真苦。说不定还得落水去拉船。近辰州时又还有个长十里的急流，无风时也很费事。今天风不好，不能把船送走，故看情形还赶不到辰州。我希望明天上半天可到，用半天日子做一切事，后天就可上行。我还希望到了辰州可以从电话中谈几句话，告他一切，也让他们放心些，不然收到了你的信后，却不见我到家，岂不稀奇。

今天更冷，应当落大雪了，可是雪总落不下来。南方天气我疏远得太久了，如今看来同看一本新书一样，处处不像习惯所能忍受的样子，我若到这些地方长住下去，性格一定沉郁得很了。但一到春天，这里可太好了。就是这种天气，山中竹雀画眉依然叫得很好。一到春天，是可想而知的。

歪了一下
（一九三四年一月十七日第三信）

这河水可不是玩意儿。我的小船在滩上歪了那么一下，一切改了样子，船进了点水，墨水全泼尽了，书、纸本子、牙刷、手巾，全是墨水。许多待发的信封面上也全是墨水。箱子侧到一旁，一切家伙皆侧到一旁，再来一下可就要命。但很好，就只那么一次危险。很可惜的是掉了我那支笔，又泼尽了那瓶墨水，信却写不成了。现在的墨水只是一点点瓶底残余，笔却是你的自来水笔。更可惜的是还掉了一支……你猜去吧。

这是我小船第一次遇险，等等也许还得有两次这种事情，但不碍事，"吉人天相"，决不会有什么大事。很讨厌的是墨水已完，纸张又湿，我的信却写不成了。我还得到辰州去补充一切，不然无法再报告你一切消息。好在残余的墨水至少总还可以够我今天用它，到了明天，我却已可以买新的墨水了。在危险中我本来还想照个相，这点从容我照例并不缺少的，可是来不及照相，我便滚到船一边了。说到在危险中人还从从容容，我记起了十二年前坐那军服船上行，到一个名为"白鸡关"的情形来了。那时船正上滩，忽然掉了头，船向下溜去。船既是上行的，到上滩时照例所有水手皆应当去拉纤，船上只有一个拦头一个掌艄的，两个人在急滩上驾驭只大船可不容易，因此在斜行中船就乓的同石头相磕，顷刻之间船已进了水，且很快的向下溜去。我们有三个朋友在船上，两人皆吓慌了，我可不在乎。我看好了舱板同篙子，再不成，我就向水中跳。但很好，我们居然不用跳水还拢了岸，水过船面两寸许，只湿了我们的脚。一切行李皆拿在手上，一个小包袱，除了两只脚沾了点水以外，什么也不湿。故这次打船经验可以说是非常合算的。我们还在那河滩上露宿一夜，可以说干赚得这一夜好生活！这次坐的船太小了点，还无资格遇这种危险，你不用为我担心，反应为我抱屈，因为多有次危险经验，不是很有意思的事么？

那支笔我觉得有点可惜，因为这次旅行的信，差不多全是它写的。现在大致很孤独的卧在深水里，间或有一只鱼看到那么一个金色放光的笔尖，同那么一个长长的身体，觉得奇异时，会游过去嗅嗅，又即刻走开了。想起它那躺在深水里慢慢腐去，或为什么石头压住的情形，我这时有点惆怅。凡是我用过的东西，我对它总发生一种不可言说的友谊，我不知道这是什么原因。

我们的船又在上滩了，不碍事，我心中有你，我胆儿便稳稳的了。眼看到一个浪头跟着一个浪头从我船旁过去，我不觉得危险，反而以为你无法经验这种旅行极可惜。

又有了橹歌，同滩水相应和，声音雍容典雅之至。我歇歇，看看水，再来告你。我担心墨水不够我今天应用，故我的信也好像得悭吝一些了。

二哥
十七日上十一点卅五分

滩上挣扎

（一九三四年一月十七日第四信）

　　我不说除了掉笔以外还掉了一支……吗？我知道你算得出那是一支牙骨筷子的。我真不快乐，因为这东西总不能单独一支到北平的。我很抱歉。可是，你放心，我早就疑心这筷子即或有机会掉到河中去，它若有小小知觉，就一定不愿意独自落水。事不出我所料，在舱底下我又发现它了。

　　今天我小船上的滩可特别多，河中幸好有风，但每到一个滩上，总仍然很费事。我伏卧在前舱口看他们下篙，听他们骂野话。现在已十二点四十分，从八点开始只走了卅多里，还欠七十里，这七十里中还有两个大滩、一个长滩，看情形又不会到地的。这条河水坐船真折磨人，最好用它来做性急人犯罪以后的处罚。我希望这五点钟内可以到白溶下面泊船，那么明天上午就可到辰州了。这时船又在上一个滩，船身全是侧的，浪头大有从前舱进自后舱出的神气，水流太急，船到了上面又复溜下。你若到了这些地方，你只好把眼睛紧紧闭着。这还不算大滩，大滩更吓人！海水又大又深，但并不吓人，仿佛很温和。这里河水可同一股火样子，太热情了一点。好像只想把人攫走，且好像完全凭自己意见做去。但古怪，却是这些弄船人。他们逃避急流同漩水的方法可太妙了，不管什么情形他们总有办法避去危险。到不得已时得往浪里钻，今天已钻三回，可是又必有方法从浪里找出路。他们逃避水的方法，比你当年避我似乎还高明。他们明白水，且得靠水为生，却不让水把他们攫去。他们比我们平常人更懂得水的可怕处，却从不疏忽对于水的注意。你实在还应当跟水手学两年，你到之江避暑，也就一定有更多情书可看了。

……

我离开北京时，还计划到，每天用半个日子写信，用半个日子写文章。谁知到了这小船上，却只想为你写信，别的事全不能做。从这里看来我就明白没有你，一切文章是不会产生的。先前不同你在一块儿时，因为想起你，文章也可以写得很缠绵，很动人。到了你过青岛后，却因为有了你，文章也更好了。但一离开你，可不成了。倘若要我一个人去生活，做什么皆无趣味，无意思。我简直已不像个能够独立生活下去的人。你已变成我的一部分，属于血肉、精神一部分。我人并不聪明，一切事情得经过一度长长的思索，写文章如此，爱人也如此，理解人的好处也如此。

你不是要我写信告爸爸吗？我在常德写了个信，还不完事，又因为给你写信把那信搁下不写了。我预备到辰州写，辰州忙不过来，我预备到本乡写。我还希望在本乡为他找得出点礼物送他。不管是什么小玩意儿，只要可能，还应当送大姐点。大姐对我们好处我明白，二姐的好处被你一说也明白了。我希望在家中还可以为她们两人写个信去。

三三，又上了个滩。不幸得很……差点儿淹坏了一个小孩子，经验太少，力量不够，下篙不稳，结果一下子为篙子弹到水中去了。幸好一个年长水手把他从水中拉起，船也侧着进了不少的水。小孩子被人从水中拉起来后，抱着桅子荷荷的哭，看到他那样子真有使人说不出的同情。这小孩就是我上次提到一毛钱一天的候补水手。

这时已两点四十五分，我的小船在一个滩上挣扎，一连上了五次皆被急流冲下，船头全是水，只好过河从另一方拉上去。船过河时，从白浪里钻过，篷上也沾了浪。但不要为我着急，船到这时业已安全过了河。最危险时是我用号时，纸上也全是水，皮袍也全弄糟了。这时船已泊在滩下等待力量的恢复，再向白浪里弄去。

这滩太费事了，现在我小船还不能上去。另外一只大船上了将近一点钟，还在急流中努力，毫无办法。风篷、纤手、篙子，全无用处。拉船的在石滩上皆伏爬着，手足并用的一寸一寸向前。但仍无办法。

滩水太急，我的小船还不知如何方能上去。这时水手正在烤火说笑话，轮到他们出力时，他们不会吝惜气力的。

三三，看到吊脚楼时，我觉得你不同我在一块儿上行很可惜，但一到上滩，我却以为你幸好不同来，因为你若看到这种滩水，如何发吼，如何奔驰，你恐怕在小船上真受不了。我现在方明白住在湘西上游的人，出门回家家中人敬神的理由。从那么一大堆滩里上行，所依赖的固然是船夫，船夫的一切，可真靠天了。

我写到这里时，滩声正在我耳边吼着，耳朵也发木。时间已到三点，这船还只有两个钟头可走，照这样延长下去，明天也许必须晚上方可到地。若真得晚上到辰州，我的事情又误了一天，你说，这怎么成。

小船已上滩了，平安无事，费时间约廿五分。上了滩问问那落水小水手，方知道这滩名"骂娘滩"（说野话的滩），难怪船上去得那么费事。再过廿分钟我的小船又得上个名为"白溶"的滩，全是白浪，吉人天相，一定不有什么难处。今天的小船全是上滩，上了白溶也许天就夜了，则明天还得上九溪同横石。横石滩任何船只皆得进点儿水，劣得真有个样子。我小船有四妹的相片，也许不至于进水。说到四妹的相片，本来我想让它凡事见识见识，故总把它放在外边……可是刚才差点儿它也落水了，故现在已把它收到箱子里了。

小船这时虽上了最困难的一段，还有长长的急流得拉上去。眼看到那个能干水手一个人爬在河边石滩上一步一步的走，心里很觉得悲哀。这人在船上弄船时，便时时刻刻骂野话，动了风，用不着他做事时，就模仿麻阳人唱橹歌，风大了些，又模仿麻阳人打呵贺，大声的说：

"要来就快来，莫在后面挨，呵贺——

风快发，风快发，吹得满江起白花，呵贺——"

他一切得模仿，就因为桃源人弄小船的连唱歌喊口号也不会！这人也有不高兴时节，且可以说时时刻刻皆不高兴，除了骂野话以外，就唱：

"过了一天又一天，心中好似滚油煎。"

心中煎熬些什么不得而知，但工作折磨到他，实在是很可怜的。这人曾当过兵，今年还在沅州方面打过四回仗①，不久逃回来的。据他自己说，则为人也有些胡来乱为。赌博输了不少的钱，还很爱同女人胡闹，花三块钱到一块钱，胡闹一次。他说："姑娘可不是人，你有钱，她同你好，过了一夜钱不完，她仍然同你好，可是钱完了，她不认识你了。"他大约还胡闹过许多次数的。他还当过两年兵，明白一切做兵士的规矩。身体结实如二小的哥哥，性情则天真朴质。每次看到他，总很高兴的笑着。即或在骂野话，问他为什么得骂野话，就说："船上人作兴这样子！"便是那小水手从水中爬起以后，一面哭一面也依然在骂野话的。看到他们我总感动得要命。我们在大城里住，遇到的人即或有学问，有知识，有礼貌，有地位，不知怎么的，总好像这人缺少了点成为一个人的东西。真正缺少了些什么又说不出。但看看这些人，就明白城里人实实在在缺少了点人的味儿了。我现在正想起应当如何来写个较长的作品，对于他们的做人可敬可爱处，也许让人多知道些，对于他们悲惨处，也许在另一时多有些人来注意。但这里一般的生活皆差不多是这样子，便反而使我们哑口了。

你不是很想读些动人作品吗？其实中国目前有什么作品值得一读？作家从上海培养，实在是一种毫无希望的努力。你不怕山险水险，将来总得来内地看看，你所看到的也许比一生所读过的书还好。同时你想写小说，从任何书本去学习，也许还不如你从旅行生活中那么看一次，所得的益处还多得多！

我总那么想，一条河对于人太有用处了。人笨，在创作上是毫无希望可言的。海虽俨然很大，给人的幻想也宽，但那种无变化的庞大，对于一个作家灵魂的陶冶无多益处可言。黄河则沿河都市人口不相称，地宽人少，也不能教训我们什么。长江还好，但到了下游，对于人的兴感也仿佛无什么特殊处。我赞美我这故乡的河，正因为它同都市相隔绝，一切极朴野，一切不普遍化，生活形式、生活态度皆有点原人

---

① 今年指 1933 年。沅州即芷江。

意味,对于一个作者的教训太好了。我倘若还有什么成就,我常想,教给我思索人生,教给我体念人生,教给我智慧同品德,不是某一个人,却实实在在是这一条河。

我希望到了明年,我们还可以得到一种机会,一同坐一次船,证实我这句话。

……

我这时耳朵热着,也许你们在说我什么的。我看看时间,正下午四点五十分。你一个人在家中已够苦的了,你还得当家,还得照料其他两个人,又还得款待一个客人,又还得为我做事。你可以玩时应得玩玩。我知道你不放心……我还知道你不愿意我上岸时太不好看,还知道你愿意我到家时显得年轻点,我的刮脸刀总摆在箱子里最当眼处。一万个放心……若成天只想着我,让两个小妮子得到许多取笑你的机会,这可不成的。

我今天已经写了一整天了,我还想写下去。这样一大堆信寄到你身边时,你怎么办。你事忙,看信的时间恐怕也不多,我明天的信也许得先写点提要……

这次坐船时间太久,也是信多的原因。我到了家中时,也就是你收到这一大批信件时。你收到这信后,似乎还可发出三两个快信,写明"寄常德杰云旅馆曾芹轩代收存转沈从文亲启"。我到了常德无论如何必到那旅馆看看。

我这时有点发愁,就是到了家中,家中不许我住得太短。我也愿意多住些日子,但事情在身上,我总不好意思把一月期限超过三天以上。一面是那么非走不可,一面又非留不可,就轮到我为难时节了。我倒想不出个什么办法,使家中人催促我早走些。也许同大哥故意吵一架,你说好不好?地方人事杂,也不宜久住!

小船又上滩了,时间已五点廿分。这滩不很长,但也得湿湿衣服被盖。我只用你保护到我的心,身体在任何危险情形中,原本是不足惧的。你真使我在许多方面勇敢多了。

二哥

泊杨家岨

（一九三四年一月十七日第五信）

船又上了个滩，名为"回师"。各处是大石头，船就从石头中过去。天保佑，船又安然上去了。到上游滩多了些，船却少了些，不大能够有机会听摇橹人歌声，山又似乎反而低些了。我至多明天就可到柏子停船的地方了，我一定得照个哪里水手的相来。我为这件事盼望明天有个好天气，且盼望辰州河边无积雪，却是一滩烂泥。因为柏子上岸胡闹那一天，正是飞毛毛雨的日子。那地方是我第一次出门离家，在外混日子的地方，悄悄地翻一个书记官的《辞源》，三个人各出三毛四分钱订《申报》，皆是那个地方。我最后见到我们那个可怜的爸爸，我小时节他爱我，长大时他教我的爸爸，也就是这个地方！这地方对我是太有意义了。我还穿过棉军服，每天到那地方南门口吃过汤圆，在河街上去鉴赏卖船上的檀木活车、钢钻、火镰等等宝贝。我的教育大部分从这地方开始，同时也从这地方打下我生活的基础。一个人生活前后太不同，记忆的积累，分量可太重了。不管是曹雪芹那么先前豪华，到后落寞，也不管像我小时孤独，近来幸福，但境遇的两重，对于一个人实在太惨了。我直到如今，总还是为过去一切灾难感到一点忧郁。便是你在我身边，那些死去了的事，死去了的人，也仍然常常不速而至的临近我的心头，使我十分惆怅的。至于你，你可太幸福了。你只看到我的一面。你爱我，也爱的是这个从一切生活里支持过来，有了转机的我。你想不到我在过去，如何在一个陌生社会里打发一大堆日子，绝想不到！

小船再过半点钟就可停泊了……不，即刻就得停泊了。船已到了"杨家岨"，又是吊脚楼，飞楼杰阁似的很悦目。小船傍在大石边，只需一跳就可以上岸。岸上正有妇人说话，不知说些什么。这里已无雪，山头皆为棕色，远山则为紫色。地方静得很，无一只船，无一个人，无一堆柴。不知什么地方有人正在锤捣东西，一下一下的捣。对河也有人说话，且看不清楚人家。三三，我手全冻了，时间已六点卅五分，我想歇歇。我的舱口对风，还得把一切通风处塞塞，不然夜里又很冷。

这可不怕冷了，前舱竹篷已放下，风让了路，全不要紧了。船上已在煎鱼，油老后，哗的沙的一响，满舱皆是烟气。我喝了一碗米汤，加了点白糖，这东西算是我吃饭以外唯一的食物，也算是我唯一的饮料。我的蜡烛已点去三支，剩下两支大致刚可以到地。我到了湘西，方明白云六大哥对于他那手电筒宝贝的理由，所有城市一到夜里，街上皆是黑黑的。船傍小码头时尤其不成。有电筒，好处可多了。我忘了把我们家中那个东西带来。

船每天皆泊到小地方，我真有点点担心。今天的码头只有我的小船一只，孤零零的停顿到这地方，我真有点害怕。船上那些开过小差的水手，若误会了我箱中的东西，在半唱过"过了一天又一天"之余，也许真会转念头来玩新花样的。三三，这是说笑话的！这时又来了一只大船，且是向上行的。那水手已拿了我一串钱，上吊脚楼吃鸦片烟去了。他等等回来时，还一定同我说到河街吊脚楼同大脚婆娘烧烟故事的。我请他的客，他却告我很多新鲜事情。这个人若会写字，且会把所认得的字写他的一切，他才是个地道普罗作家！这人用口说故事时，还能加上一些铺叙、一点感想，便是一张口，也比较许多笔写出来的故事深刻多了。

我为了想看看那河街烟馆，若有个灯，真还要上岸去一次！我明天一定要到辰州河街去的，我还得去家中看看灵官巷的新房子。

我吃饭了，等等再告你。

二哥

十七日下午七点廿分

潭中夜渔

（一九三四年一月十七日第六信）

　　我只吃一碗饭，鱼又吃了不少。这时已七点四十，你们也应当吃过饭了。我们的短期分离，我应多受点折磨，方能补偿两人在一处过日子时，我对你疏忽的过失，也方能把两人同车时我看报的神气使你忘掉。我还正在各种过去事情上，找寻你的弱点与劣点，以为这样一来，也许我就可以少担负一份分离的痛苦。但出人意料的是我越找寻你坏处，就越觉得你对我的好处……

　　夜晚了，船已停泊，不必担心相片着水，我这时又把你同四丫头的相从箱中取出来了。我只想你们从相片上跳下来，我当真那么傻想……我应当多带些你们的相片来了。我还忘了带九九同你元和大姐的相片，若全带到箱子里，则我也许可以把些时间，同这些相片来讨论点事情，或说几个故事，或又模拟你们口吻，说点笑话……现在十天了我还无发笑机会。三三，四丫头近来吃饭被踢没有？应当为我每次踢她一脚。还有九妹，我希望她肯多问你些不认识的生字，不必说英文，便是中文她需要指点的方面也就很多。还有巴金，我从没为他写信，却希望你把我的路上一切，撮要告给他，并请他写点文章，为刊物登载。还有杨先生[①]，你也得告他我在路上的情形。我为了成日成夜给你这个三三写信，别的信皆不曾动手，也无动手机会，你为我各处说一声就得了。

　　现在已九点了，这地方太静，静得有些怕人。晚上风又大了些，也猛了些，希望它明天还能够如此吹一天，则到辰州必很早。我想最

[①] 指杨振声先生。

好我再过五天可到家……我一切信上皆不敢提及妈的病，我只担心她已很沉重，又担心她正已复元，却因我这短期回家、即刻分离增加她老人家的病痛。我心虚得很。三三，这十多天想来我已有很多信件了，我希望其中并无云六报告什么不吉消息。我还希望你们能把我各处来信看看，应复的你且为我一一复去。我这一走必忙坏了你……

三三，这河面静中有个好听的声音，是弄鱼人用一个大梆子、一堆火，搁在船头上，河中下了拦江钓，因此满河里去擂梆子，让梆声同火光把鱼惊起，慌乱的四窜便触了网。这梆声且轻重不同，故听来动人得很。这种弄鱼方法，你从书上是看不到的。还有用火照鱼，用鸡笼捕鱼，用草毒鱼种种方法，单看书，皆毫无叙述。

我小船泊的地方是潭里，因此静得很，但却有种声音恐怕将使我睡不着。船底下有浪拍打，叮叮的响。时间已九点四十分，我的确得睡了……

弄鱼的梆声响得古怪，在这样安静地方，却听到这种古怪声音，四丫头若听到，一定又惊又喜。这可以说是一首美丽的诗，也可以说一种使人发迷着魔的符咒。因为在这种声音中，水里有多少鱼皆触了网，且同时一定也还有人因此联想到土匪来时种种空气的。三三，凡是在这条河里的一切，无一不是这样把恐怖、新奇同美丽糅合而成的调子！想领略这种美丽，也应得出一分代价。我出的代价似乎太多了点……我不放下这支笔，实在是我一点自私处。我想再同你说一会儿。在这样一叶扁舟中，来为三三写信，也是不可多得的！我想写个整晚，梦是无凭据的东西，反而不如就这样好！

……

二哥

十七日下十时一刻　船泊杨家岨

横石和九溪
（一九三四年一月十八日第一信）

我七点前就醒了，可是却在船上不起身。我不写信，担心这堆信你看不完。起来时船已开动，我洗过了脸，吃过了饭，就仍然做了一会儿痴事……今天我小船无论如何也应当到一个大码头了。我有点慌张，只那么一点点。我晚上也许就可以同三弟从电话中谈话的。我一定想法同他们谈话。我还得拍发给你的电报，且希望这电报送到家中时，你不至于吃惊，同时也不至于为难。你接到那电报时若在十九，我的船必在从辰州到泸溪路上，晚上可歇泸溪。这地方不很使我高兴，因为好些次数从这地方过身皆得不到好印象。风景不好，街道不好，水也不好。但廿日到的浦市，可是个大地方，数十年前极有名，在市镇对河的一个大庙，比北京碧云寺还好看。地方山峰同人家皆雅致得很。那地方出肥人，出大猪，出纸，出鞭炮。造船厂规模很像个样子。大油坊长年有油可打，打油人皆摇曳长歌，河岸晒油篓时必百千个排列成一片。河中且长年有大木筏停泊，有大而明黄的船只停泊，这些大船船尾皆高到两丈左右，渡船从下面过身时，仰头看去恰如一间大屋。那上面一定还用金漆写得有一个"福"字或"顺"字！地方又出鱼，鱼行也大得很。但这个码头却据说在数十年前更兴旺，十几年前我到那里时已衰落了的。衰落的原因为的是河边长了沙滩，不便停船，水道改了方向，商业也随之而萧条了。正因为那点"旧家子"的神气，大屋、大庙、大船、大地方，商业却已不相称，故看起来尤其动人。我还驻扎在那个庙里半个月到廿天，属于守备队第一团，那庙里墙上的诗好像也很多，花也多得很，还有个"大藏"，样子如塔，高至五丈，在一个大殿堂里，上面用木砌成，全是菩萨。合几个人力量转动它时，就听到一种吓人的声音,如龙吟太空。这东西中国的庙里似乎不多,非敕建大庙好像还不作兴有它的。

我船又在上一个大滩了,名为"横石",船下行时便须进点水,上行时若果是只大船,也极费事,但小船倒方便,不到廿分钟就可以完事的。这时船已到了大浪里,我抱着你同四丫头的相片,若果浪把我卷去,我也得有个伴!

三三,这滩上就正有只大船碎在急浪里,我小船挨着它过去,我还看得明明白白那只船中的一切。我的船已过了危险处,你只瞧我的字就明白了。船在浪里时是两面乱摆的。如今又在上第二段滩水,拉船人得在水中弄船,支持一船的又只是手指大一根竹缆,你真不能想象这件事。可是你放心,这滩又拉上了……

我想印个选集了①,因为我看了一下自己的文章,说句公平话,我实在是比某些时下所谓作家高一筹的。我的工作行将超越一切而上。我的作品会比这些人的作品更传得久,播得远。我没有方法拒绝。我不骄傲,可是我的选集的印行,却可以使些读者对于我作品取精摘优得到一个印象。你已为我抄了好些篇文章,我预备选的仅照我记忆到的,有下面几篇:

《柏子》《丈夫》《夫妇》《会明》(全是以乡村平凡人物为主格的,写他们最人性的一面的作品)

《龙朱》《月下小景》(全是以异族青年恋爱为主格,写他们生活中的一片,全篇贯串以透明的智慧,交织了诗情与画意的作品)

《都市一妇人》《虎雏》(以一个性格强的人物为主格,有毒的放光的人格描写)

《黑夜》(写革命者的一片段生活)

《爱欲》(写故事,用天方夜谭风格写成的作品)

---

① 这是作者第一次提到印选集的想法,两年后由上海良友图书公司出版《从文小说习作选》。

应当还有不少文章还可用的,但我却想至多只许选十五篇。也许我新写些,请你来选一次。我还打量作个《我为何创作》,写我如何看别人生活以及自己如何生活,如何看别人作品以及自己又如何写作品的经过。

你若觉得这计划还好,就请你为我抄写《爱欲》那篇故事。这故事抄时仍然用那种绿格纸,同《柏子》差不多的。这书我估计应当有购者,同时有十万读者。

船去辰州已只有三十里路,山势也大不同了,水已较和平,山已成为一堆一堆黛色浅绿色相间的东西。两岸人家渐多,竹子也较多,且时时刻刻可以听到河边有人做船补船、敲打木头的声音。山头无雪,虽无太阳,十分寒冷,天气却明明朗朗。我还常常听到两岸小孩子哭声,同牛叫声。小船行将上个大滩,已泊近一个木筏,筏上人很多。上了这个滩后,就只差一个长长的急水,于是就到辰州了。这时已将近十二点,有鸡叫!这时正是你们吃饭的时候,我还记得到,吃饭时必有送信的来,你们一定等着我的信。可是这一面呢,积存的信可太多了。到辰州为止,似乎已有了卅张以上的信。这是一包,不是一封。你接到这一大包信时,必定不明白先从什么看起。你应得全部裁开,把它秩序弄顺,再订成个小册子来看。你不怕麻烦,就得那么做。有些专利的痴话,我以为也不妨让四妹同九妹看看,若绝对不许她们见到,就用另一纸条粘好,不宜裁剪……

船又在上一个大滩了,名为"九溪"。等等我再告你一切。

……

好厉害的水!吉人天佑,上了一半。船头全是水,白浪在船边如奔马,似乎只想攫你们的相片去,你瞧我字斜到什么样子。但我还是一手拿着你的相片,一手写字。好了,第一段已平安无事了。

小船上滩不足道,大船可太动人了。现在就有四只大船正预备上滩,所有水手皆上了岸,船后掌艄的派头如将军,拦头的赤着个膊子,船到水中不动了,一下子就跃到水中去了。我小船又在急水中了,还有些时候方可到第二段缓水处。大船有些一整天只上这样一个滩,有些到滩上弄碎了，就收拾船板到石滩上搭棚子住下。三三，这争斗，这和水的争斗，在这条河里，至少是有廿万人的！三三，我小船第二段危险又过了，等等还有第三段得上。这个滩共有九段麻烦处，故上去还需些时间。我船里已上了浪，但不妨的，这不是要远人担心的……

我昨晚上睡不着时，曾经想到了许多好像很聪明的话……今天被浪一打，现在要写却忘掉了。这时浪真大，水太急了点，船倒上得很好。今天天明朗一点，但毫无风，不能挂帆。船又上了一个滩，到一段较平和的急流中了。还有三五段。小船因拦头的不得力，已加了个临时纤手，一个老头子，白须满腮，牙齿已脱，却如古罗马人那么健壮。先时蹲到滩头大青石上，同船主讲价钱，一个要一千，一个出九百，相差的只是一分多钱，并且这钱全归我出，那船主仍然不允许多出这一百钱。但船开行后，这老头子却赶上前去自动加入拉纤了。这时船已到了第四段。

小船已完全上滩了，老头子又到船边来取钱，简直是个托尔斯太！眉毛那么浓，脸那么长，鼻子那么大，胡子那么长，一切皆同画上的托尔斯太相同。这人秀气一些，因为生长在水边，也许比那一个同时还干净些。他如今又蹲在一个石头上了。看他那数钱神气，人那么老了，还那么出力气，为一百钱大声的嚷了许久，我有个疑问在心："这人为什么而活下去？他想不想过为什么活下去这件事？"

不止这人不想起，我这十天来所见到的人，似乎皆并不想起这种事情的。城市中读书人也似乎不大想到过。可是，一个人不想到这一点，还能好好生存下去，很稀奇的。三三，一切生存皆为了生存，必有所爱方可生存下去。多数人爱点钱，爱吃点好东西，皆可以从从容容活下去的。这种多数人真是为生而生的，但少数人呢，却看得远一点，为民族为人类而生。这种少数人常常为一个民族的代表，生命放光，为的是他会凝聚精力使生命放光！我们皆应当莫自弃，也应当得把自己凝聚起来！

三三，我相信你比我还好些，可是你也应得有这种自信，来思索这生存得如何去好好发展！

我小船已到了一个安静的长潭中了。我看到了用鸬鹚咬鱼的渔船了,这渔船是下河少见的,这种船同这种黑色怪鸟,皆是我小时节极欢喜的东西,见了它们同见老友一样。我为它们照了个相,希望这相还可看出个大略。我的相片已照了四张,到辰州我还想把最初出门时,军队驻扎的地方照来,时间恐不大方便。我的小船正在一个长潭中滑走,天气极明朗,水静得很,且起了些风,船走得很好。只是我手却冻坏了,如果这样子再过五天,一定更不成事了的。在北方手不肿冻,到南方来却冻手,这是件可笑的事情。

我的小船已到了一个小小水村边,有母鸡生蛋的声音,有人隔河喊人的声音,两山不大而翠色迎人,有许多待修理的小船皆斜卧在岸上,有人正在一只船边敲敲打打,我知道他们是在用麻头同桐油石灰嵌进船缝里去的。一个木筏上面还有小船,正在平潭中溜着,有趣得很!我快到柏子停船的岸边了,那里小船多得很,我一定还可以看到上千的真正柏子!

我烤烤手再写。这信快可以付邮了,我希望多写些,我知道你要许多,要许多。你只看看我的信,就知道我们离开后,我的心如何还在你的身边!

手一烤就好多了。这边山头已染上了浅绿色,透露了点春天的消息,说不出它的秀。我小船只差上一个长滩,就可以用桨划到辰州了。这时已有点风,船走得更快一些。到了辰州,你的相片可以上岸玩玩,四丫头的大相却只好在箱子里了。我愿意在辰州碰到几个必须见面的人,上去时就方便些。辰州到我县里只二百八十里,或二百六或二百廿里,若坐轿三天可到,我改坐轿子。一到家,我希望就有你的信,信中有我们所照的相片!

船已在上我所说最后一个滩了,我想再休息一会会,上了这长滩,我再告你一切。我一离开你,就只想给你写信,也许你当时还应当苛刻一点,残忍一点,尽挤我写几年信,你觉得更有意思!

……

二哥
一月十八十二时卅分

历史是一条河

（一九三四年一月十八日第二信）

我小船已把主要滩水全上完了，这时已到了一个如同一面镜子的潭里，山水秀丽如西湖，日头已出，两岸小山皆浅绿色。到辰州只差十里，故今天到地必很早。我照了个相，为一群拉纤人照的。现在太阳正照到我的小船舱中，光景明媚，正同你有些相似处，我因为在外边站久了一点，手已发了木，故写字也不成了。我一定得戴那双手套的，可是这同写信恰好是鱼同熊掌，不能同时得到。我不要熊掌，还是做近于吃鱼的写信吧。这信再过三四点钟就可发出，我高兴得很。记得从前为你寄快信时，那时心情真有说不出的紧处，可怜的事，这已成为过去了。现在我不怕你从我这种信中挑眼儿了，我需要你从这些无头无绪的信上，找出些我不必说的话……

我已快到地了，假若这时节是我们两个人，一同上岸去，一同进街且一同去找人，那多有趣味！我一到地见到了有点亲戚关系的人，他们第一句话，必问及你！我真想凡是有人问到你，就答复他们"在口袋里！"

三三，我因为天气太好了一点，故站在船后舱看了许久水，我心中忽然好像彻悟了一些，同时又好像从这条河中得到了许多智慧。三三，的的确确，得到了许多智慧，不是知识。我轻轻的叹息了好些次。山头夕阳极感动我，水底各色圆石也极感动我，我心中似乎毫无什么渣滓，透明烛照，对河水，对夕阳，对拉船人同船，皆那么爱着，十分温暖的爱着！我们平时不是读历史吗？一本历史书除了告我们些另一时代最笨的人相斫相杀以外有些什么？但真的历史却是一条河。从那日夜长流千古不变的水里石头和砂子，腐了的草木，破烂的船板,使我触着平时我们所疏忽了若干年代若干人类的哀乐!我看到小小渔船,载了它的黑色鸬鹚向下流缓缓划去,看到石滩上拉船人的姿势,我皆异常感动且异常爱他们。我先前一时不还提到过这些人可怜的生,无所为的生吗?不,三三,我错了。这些人不需我们来可怜,我们应当来尊敬来爱。他们那么庄严忠实的生,却在自然上各担负自己那份命运,为自己、为儿女而活下去。不管怎么样活,却从不逃避为了活而应有的一切努力。他们在他们那份习惯生活里、命运里,也依然是哭、笑、吃、喝,对于寒暑的来临,更感觉到这四时交递的严重。三三,我不知为什么,我感动得很!我希望活得长一点,同时把生活完全发展到我自己这份工作上来。我会用我自己的力量,为所谓人生,解释得比任何人皆庄严些与透入些!三三,我看久了水,从水里的石头得到一点平时好像不能得到的东西,对于人生,对于爱憎,仿佛全然与人不同了。我觉得惆怅得很,我总像看得太深太远,对于我自己,便成为受难者了。这时节我软弱得很,因为我爱了世界,爱了人类。三三,倘若我们这时正是两人同在一处,你瞧我眼睛湿到什么样子!

  三三,船已到关上了,我半点钟就会上岸的。今晚上我恐怕无时间写信了,我们当说声再见!三三,请把这信用你那体面温和眼睛多吻几次!我明天若上行,会把信留到浦市发出的。

二哥
一月十八下午四点半

  这里全是船了!

从前一杯甜酒

◆ 我们相爱一生,一生还是太短

离辰州上行[1]
（一九三四年一月十九日第一信）

……今天雾大得很，故日里太阳必极其可观。我上船时带得有腊肠同面条，且有个照料我的副爷，这一行可太惬意了。

我寄北平的电是昨晚发的，一定可以这时收到。我一大堆信本想即刻付邮，但到家时局中已不能寄挂号信，故一切全托云六办理了。我的信分成两包，较小的一包是应后发一天的，也许云六一齐寄发了。

这次上行在家中我也许住三四天可以脱身，下行时过辰州，或将为这些乡亲要人留下多搁一天两天的。我发急得很，因为我应当早些见你。

我同行的副爷正在为我说他的事，等等我再告你。

二哥
十九日十点卅分

---
[1] 原信缺失一页，约九百字。

虎雏印象

（一九三四年一月十九日第二信）

这时已下午两点，船只上小滩，在一条平衍河里走去，河面放宽一些，两岸山已不高，太阳甚好，照在这张纸上眩我眼睛！我很舒服。我的手已不再发肿，我的脚也不觉得怎样冷了。我听了那虎雏说了半天关于他生活过去的故事。这副爷现在还不到廿三岁，七八岁时就打死了人，独自跑出外边，做过割草人，做过土匪，做过采茶人，做过兵。他当了七年的兵，明白的事情比一个教授多多了。他打架喝酒的事情，不知有过多少次，但人却能干可爱之至。他跟了我三弟三四年，一切事皆可交给他，这真是个怪而了不起的人。他说到许多打小仗吃苦受罚的事情，皆正是任何一本书还不曾提到过的事情。他那份渊博处，以及因见多识广，对于自己观念打算铺叙的才干，使我不能不佩服他。我不是说这次旅行一定可以学许多吗？别的不提，单在这样一个人方面，给我有用的知识与智慧已够多了。

这时阳光真好。

我们本乡那方面，大哥也在昨晚上就拍发了一个无线电报回去了，家中得到这个电后，他们不知如何快乐！这次谁也不想到我会回来的，故辰州方面许多老朋友皆十分惊异。到了家中那天，本乡人见着了我，一定更其惊奇！离家太久真不好，一切皆生疏得很，同做客一样，我说话也似乎很困难的。

我的船昨天停泊的地方就是我十五年前在辰州看柏子停船的地方，我本想照个相已赶不及，回来时一定可把我自己照成柏子一样的。

天气太好我就有点惆怅，今天的河水已极清浅，河床中大小不一的石子，历历可数，如棋子一般，较大石头上必有浅绿色蓝丝，在水中漂荡，摇曳生姿。这宽而平平的河床，以及河中东西，皆明丽不凡。两岸山树如画图，秀而有致。船在这样一条河中行走，同舱中缺少一个你，觉得太不合理了。

我想我也得睡睡才好，我昨天只睡三个钟头……

人家都说我胖了些，这话从他们口中说出我不甚相信，但从他们本人肥瘦上看来，我却十分相信。我昨天见到五个熟人，其中就只有一个天生胖子，其胖如昔，其余诸人，全似乎还不如我的。这里人说话皆大声叫喊，吃东西随便把花生橘子皮壳撒满一地，客人在家中不作兴脱帽，很有趣味。

二哥
十九日下三时

到泸溪
（一九三四年一月十九日第三信）

　　我小船走得很好，上午无风，下午可有风，帆拉得满满的。河水还依然如前一信所说，很平很宽，不上什么滩，也不再见什么潭。再有十里我船可以到泸溪，船就得停泊了。天气好得很……动身时，我们最担心处是上面不安静，但如今这里的安静却令人出奇，只须从天气河流上看来，也就使人不必再担心有任何困难，会在远行人方面发生了。管领这条河面的是辰州那个戴旅长，军纪好得很，河面可以说是太安全了。在家在辰州的朋友亲戚，他们全将不许我走路，全要我多住一天两天，这可不成。我想在家中住三天，回转辰州住那一天，我想要云六大哥请客，把朋友请到新家来吃一顿。至于在家中，则打量一律不赴人的酒席。凡请我吃饭的，皆用"想陪母亲"来挡拒。这样一来当轻松一些。一切熟人皆相隔太久了，说话也无多意思，这些人某种知识也许比我的好过数倍，但我也无从去学习，因为学来也毫无用处。一切熟人生活皆与我完全不同，且仿佛皆活得比我更起劲，我同他们去玩也似乎不能再在一处玩了。家中只有妈同六弟同几个老年亲戚可以看看，在家中时，家中人一定特别快乐，我也一定特别快乐的。我就发愁要走，或走不动……

　　我小船已到了泸溪，时间六点多一些，天气太好，地方风景也雅多了。这里城不十分坏，码头可不像个样子，地方上下六十里皆著名码头，故商务萧条得很，只是通峒河的船峒河下游称武水，在泸溪汇入沅水，则应从此地分流。若想乘船直到我家乡，便可在此地搭船上行的。峒河来源很怪，全从悬崖石壁中流出，一下就可行船。另一支流则直经过我的家乡小城，绕城上行达到苗乡乌巢河的。

我小船已泊定，吃了两碗白面当饭，这时正有廿来只大船从上游下行，满江的橹歌，轻重急徐，各不相同又复谐和成韵。夕阳已入山，山头余剩一抹深紫，山城楼门矗立留下一个明朗的轮廓，小船上各处有人语声、小孩吵闹声、炒菜落锅声、船主问讯声。我真感动，我们若想读诗，除了到这里来别无再好地方了。这全是诗。

　　天黑了，我想把这信发了，故不写完。但写不完的却应当也为你看出些字句较好，因为这是从我身边来的一张纸……

你的心
十九下六时半

泸溪黄昏
（一九三四年一月十九日第四信）

我似乎说过泸溪的坏话，泸溪自己却将为三三说句好话了。这黄昏，真是动人的黄昏！我的小船停泊处，是离城还有一里三分之一地方，这城恰当日落处，故这时城墙同城楼明明朗朗的轮廓，为夕阳落处的黄天衬出。满河是橹歌浮着！沿岸全是人说话的声音，黄昏里人皆只剩下一个影子，船只也只剩个影子，长堤岸上只见一堆一堆人影子移动，炒菜落锅的声音与小孩哭声杂然并陈，城中忽然当的一声小锣，唉，好一个圣境！

我明天这时，必已早抵浦市了的。我还得在小船上睡那么一夜，廿一则在小客店过夜，如《月下小景》一书中所写的小旅店，廿二就在家中过夜了……

明天就到廿了，日子说快也快，说慢又慢。我今天同昨天在路上已看到许多白塔，许多就河边石上捶衣的妇人，而且还看到河边悬崖洞中的房屋，以及架空的碾子。三三，我已到了"柏子"的小河，而且快要走到"翠翠"的家乡了！日中太阳既好，景致又复柔和不少，我念你的心也由热情而变成温柔的爱。我心中尽喊着你，有上万句话，有无数的字眼儿，一大堆微笑，一大堆吻，皆为你而储蓄在心上！我到家中见到一切人时，我一定因为想念着你，问答之间将有些痴话使人不能了解。也许别人问我："你在北平好！"我会说："我三三脸黑黑的，所以北平也很好！"不是这么说也还会有别的话可说，总而言之则免不了授人一点点开玩笑的机会。母亲年老了，这老人家看到我有那么一个乖而温柔的三三，同时若让这老人家知道我们如何要好，她还会更高兴的。我在辰州时，云六说："妈还说'晓得从文怎么样就会选到一个屋里人？同他一样的既不成,同他两样的,更不好。'可是如今可来了,好了,原来也还有既不同样也不异样的人!"家中人看到我们很好,他们的快乐是你想不出的。他们皆很爱你,你却还不曾见过他们!

三三,昨天晚上同今晚上星子新月皆很美,在船上看天空尤可观,我不管冻到什么样子,还是看了许久星子。你若今夜或每夜皆看到天上那颗大星子,我们就可以从这一粒星子的微光上,仿佛更近了一些。因为每夜这一粒星子,必有一时同你眼睛一样,被我瞅着不旁瞬的。三三,在你那方面,这星子也将成为我的眼睛的!

你的二哥
十九日下九时

天明号音
（一九三四年一月二十日）

　　这里已是下午一点又十分，我的船已过了有名的箱子岩，再过四点钟就会到最后一个码头了。我小船是上午七点开行的。船还未开动时，听到各船上吹天明号音，从大船起始，凡是有军队的皆一一依次吹号，吹完事后便听到有人拉移铁锚声、推篷声、喊人声。这点情形使我温习了一个日子长长的旧梦。我上来还是第一次听到天明号音。大约十四年前时节，我同许多人一样，这声音刚起头，各人就应当从热被中爬起，站在大坪中成一列点名的。现在呢，我同样被这号音又弄醒了。我想念你。三三，倘若两人一同在这小船上来为这种号音惊醒，我一定会告你许多旧事。但如今我写不完这些旧事，这太多了，太旧了，太琐碎了。你若听到过这样号音，一定也有些悟处。这种声音说起来真是又美又凄凉，我还不曾觉得有何种音乐能够与这个相提并论。

　　我早饭吃得很好，你放心。我似乎并不瘦，你放心。我还有三天在路上过日子，这三天之中我将吃得饱饱的，睡得足足的，使家中人见到，皆明白这是你给我一切照料的结果。我在辰州已换了件汗衣，是云六的。我墨水泼尽后又新从大哥处取来一瓶，到家后这种东西必不缺少，可是纸张只剩下一点点，倒有点惶恐，只担心到地后找寻不着这种东西。我到辰州时送了大哥一个苹果，吃完事后他把眼睛一闭："吃得吗？金山苹果！美国橘子！维他命多，合乎卫生！"三三，他那神气真妩媚得很！

　　你收到这信后必有四天方可再得到我的信，因为从浦市过凤凰，来回必须四天的。我还怕初到地不能为你写信，希望得你原谅。

我小船到了一个好山下了，你瞧，多美丽！我想看看这山，等等再写给你一些。

你二哥
廿日下四时廿分

浦市已到，一切安宁。

到凤凰

（一九三四年一月二十三日）

我昨天下午三点到了家中，天气很好，故一切皆觉得好。母亲好了些，但瘦得很。我来了，大家当然十分快乐。我不能发电告你，就因为这地方只能收电，无法发电。

到了家中接到你四个信，家中人因为不见我来，十分稀奇，故看了信。看了信方知道我业已回来，你瞧，多古怪。到辰州发的电，却反而比人缓到一些。你寄来的相业已见到，很不坏，四人在冰上照的，你似乎比谁都好。我这几天可不能为你写长长的信了，你明白这是无空暇时间的原因。我已见过了老上司，且同时见到了一些朋友。我在街上打了一转，印象是地方小了许多。街太小，人可太多了。走到街上去时，我真有点惊讶。

我写这信时是在火炉边的，弟弟在身边，母亲在床上。

我大约十三方下辰州回北平，说不定比预定日子迟，此事请同杨先生说说，很抱歉。我离家太久，母亲又病得厉害，留我多住两天，把十二①那天母亲的生日过去再走，希望杨先生原谅。

当到大家写信，我不好意思说……

二哥

廿二日②

---

① 指旧历腊月十二，即一月二十六日。
② 根据前后信内容，应为廿三日。

感慨之至

（一九三四年一月二十二日）

　　四点前发了个信，同时还去信告云六，要他为我拍个电报告你一切，可不知他会不会忘掉这件事。我到了这里一天半，各处是熟人，我不出门找他们，就有人来找我，故抽不出时间来详详细细告你一切事情了。我为了会见客人头也弄晕了，只有看你的信可以清醒一些。我希望你会还有三个来信的。我十三下行，就还有三个日子方能动身，若这三天无你信来，我是不快乐的。

　　这里一切使我感慨之至。一切皆变了，一切皆不同了，真是使我这出门过久的人很难过的事！妈病得很坏，近来虽离去危险期，但人还是瘦得很。我一时真不想离开她，但又不能不离开这老人家。我只想多陪她坐坐，但客人一来一坐又总是很久很久。我心乱得很，我很悔见到熟人，却妨碍了我同妈谈话的机会。我现在想有个办法把自己同熟人拉开，可是又无这个办法。

　　你想想，在这种情形下我如何办。

　　我见到了你的相，照得很美，故亲戚一问到你时，我必把相片给他们看。多少人皆把你看成了不得的，这为的是什么？不过为的是使妈高兴罢了。

　　我一上了岸，接到你的信，心就乱极了。三三，我希望你不要难过，我在十号以前会回来的。我也正想着，将来回到北平，决不会再使你面壁了！我想一切皆是我的不是，我向你认错，你原谅了我。我更得向三三认错，在信上说把你文章丢到黄河，其实并无这回事，健吾的文章同你的，皆好好的在箱子里！

　　这时已十点半了，家中人业已睡尽，我也得睡了。我希望这个时节你已安睡。

二哥
廿二下十时半

我想你得很!你应当还有些信来方好。
买白松糖浆二瓶当信寄。妈急于要用。

辰州下行[1]
（一九三四年二月一日）

我小船在一个两岸皆山、山半皆吊脚楼的某处过去，我想起应当为你写信了。我小船所到的地方，正是从辰州寄发一大堆信所写到的地方。上行时这些河边小屋如何感动了我，现在依然又有了机会到这种感动中来写信！这时已经快要入夜了。河边小屋在雨后屋瓦皆极黑，上面为炊烟包着浸着。远山还在雾里，同样在这条河中向上行驶的船，皆各挂了大小不等的白帆，沿河走去。有摇橹人歌声，有呐喊声。我的小船上的水手之一，已把晚饭菜煮好，只等待到了那个预定要到的站头，就抛了锚吃饭。今天从辰州开船时已七点八点，但船小而且轻，风又不大，故仍然走了八十九十里路。这小船应泊的地方名为潭口，明早便又得下最大的青浪滩了。照这样子算来，我是应当可以希望在八号到北平的。我也许到武昌停顿一天，把一点东西送给叔华。但我却愿意早见你们，不妨把东西从北平寄给她。这信是必须后天方能发出的，它将比我先到一天。

今早我上船时，大哥三弟皆送我到船边。船停顿的泥滩便是柏子小船停顿的泥滩，对河有白塔，河中有大小船数百，许多人皆同柏子一样，我感动得很！大哥在我小船开动以后还哑着个喉咙说："三月三人来啊，三月三人来啊！"他真希望你们来看看他经营的好看小屋，那屋在辰州地方很出色，放到青岛去时也依然是出色的。

信写到这里时我吃了一顿好饭，船停在河心买柴，吃完了饭站到外面看看，我无法形容所见的一切。总而言之，此后我再也不把北平

---

[1] 现根据原信编号，在此信前缺失五封。

假古画当宝贝了。

　　时间快要夜了,我很温柔的想着你。我还有八天方可见你,但我并不如上行时那么焦躁了。顺水行船也是使我不着慌的理由。我心很静,很温柔。

　　我因为在上面吃辣的太多,泻了许多天,上船来可好了。我一定瘦些了,我正希望到车上去多加点养料到身上去。我除了稍瘦一切都好,你放心。若这信比我先到,我得请求你不要睡不着觉,我至多只会慢这信一天到地的。

　　这次的船比上次还干净宽畅。

二哥
一日下五时卅七分

再到柳林岔

（一九三四年二月二日第一信）

　　这个时节我的小船已行走了五十里路，快要到美丽的柳林岔了。今天还未天亮时，船上人乘着月就下了最大最长的一个青浪滩。船在浪里过去时，只听到吼声同怒浪拍打船舷声，各处全是水，但毫不使人担心。照规矩，下行船在潭口上游有红嘴老鸦来就食，这船就不会发生任何危险。老鸦业已来过，故船上人就不在乎了。说到这老鸦时也真怪，下行船它来讨饭，把饭向空中抛去，它接着，便飞去了。它却不向上行船打麻烦。今天无风，水又极稳，故预备一夜赶到桃源。但车子不凑巧，我也许不能不在常德停一天，必得后天方能过长沙。天气阴阴的，也不很冷，也无雨无雪，坐船得这样天气，可以说是十分幸福的。我觉得一天比一天接近你了，我快乐得很！

　　我今天又得吃鱼，水手的鱼真不可不吃，不忍不吃。鱼卖一毛钱一斤，不买它来吃，不说打鱼人，便是鱼也会多心的。我带来了不少腊肉、腊肠，还有十筒茶叶、一百橘子。还有个牛角，从苗巫师处得到，预备送一个人的。还有圈子，应作送四丫头等的钏子。还有梨子，味道并不怎样高明，但已是"五千里外远客"的梨子。还有印花布，可以做客厅垫单用的宝物！到长沙时，我或许为你们带了些酱油来，或许还可带两对鸭绒枕心作为垫子。我在长沙应蹲个半天，还应见四五个人，希望天晴，在街上可以多见识见识。长沙一切皆不恶，市面尤其好看。

　　……前天晚上我在辰州戴家吃消夜，差不多把每一样菜皆来上一把辣子，上到鱼翅时，我以为这东西大约不会辣了，谁知还是有一钱以上的胡椒末在汤中。可是到后上莲子，可归我独享了。回家时已十二点钟，先回家的大哥早已睡觉了。

我小船又在下滩了，好大的水！这水又窄又急，滩下还停顿得有卅来只大船等待——上滩。那滩下转折处的远山，多神奇的设计！我只想把你一下捉到这里来，让你一惊，我真这么想。我稀奇那些住在对岸的人，对着这种山还毫不在乎。

我这时已吃过了一顿模范早餐，我吃完了饭，水手也吃完了饭，各人在吸丝烟，船在一个艄公桨下顺流而下。这长潭，又是多么神奇的境界！我吃的是一大碗糙米饭、一碗用河水煮就的河鱼、一碗紫菜苔、一点香肠。三斤半的鲤鱼我大约吃了十二两。一个大尾巴，用茶油煎成黄色的家伙，我差不多完全吃光了。假若这样在船上半年，不必读一本书，我一定也聪明多了。河鱼味道我还缺少力量来描写它。

在岸上吃过饭后的人总懒些呆些，在船上可两样了。我在船上每次把饭吃过以后，人总非常舒服。只想讲话，只想动，只想写。六月里假若我们还可以有一个月离开北平，我以为纵不是过辰州避暑，也不妨来湖南坐坐我所坐的小船，因为单是船上这种生活，只要一天，你就会觉得其他任何麻烦皆抵消了。这河上的一切，你只需看一眼，你就会终生不忘的。等着六月再看吧，若果六月时短期离开北平不是件大事，我们就来到这河上证实一下我所说的一切吧。

今天一点儿风也不起，我的小船一个整天会在这条河上走两百里路的。今天所走的路，抵前次上行四天所走的路。你只想想这个比数，也就可以想象得出这段河流的速度了。

二哥

十二点或者还欠些（我表已不在手边了）

过新田湾

（一九三四年二月二日第二信）

假若你见到纸背后那个地方，那点树、石头、房子、一切的配置、那点颜色的柔和，你会大喊大叫。不瞒你，我喊了三声！可惜我身边的相匣子不能用，颜色笔又送人了，对这一切简直毫无办法。我的小船算来已走了九十里，再过相等时间，我可以到桃源了。我希望黄昏中到桃源，则可看看灯，看看这小城在灯光中的光景。还同时希望赶得及在黄昏前看桃源洞。这时一点儿风没有，天气且放了晴，薄薄的日头正照在我头上。我坐的地方是艄公脚边，他的桨把每次一推仿佛就要磕到我的头上，却永远不至于当真碰着我。河水已平，水流渐缓，两岸小山皆接连如佛珠，触目苍翠如江南的五月。竹子、松、杉，以及其他常绿树皆因一雨洗得异常干净。山谷中不知何处有鸡叫，有牛犊叫，河边有人家处，屋前后必有成畦的白菜，作浅绿色。

小埠头停船处，且常有这种白菜堆积成 A 字形，或相间以红萝卜。三三，我纵有笔有照相器，这里的一切颜色、一切声音，以至于由于水面的静穆所显出的调子，如何能够一下子全部捉来让你望到这一切，听到这一切，且计算着一切，我叹息了。我感到生存或生命了。三三，我这时正像上行时在辰州较下游一点点和尚洲附近，看着水流所感到的一样。我好像智慧了许多，温柔了许多。

三三，更不得了，我又到了一个新地方，艄公说这是"新田湾"。有人唤渡，渔船上则有晒帆晾网的。码头上的房子已从吊脚楼改而为砖墙式长列，再加上后面远山近山的翠绿颜色，我不知道怎么来告你了。三三，这地方同你一样，太温柔了。看到这些地方，我方明白我在一切作品上用各种赞美言语装饰到这条河流时，所说的话如何蠢笨。

我这时真有点难过，因为我已弄明白了在自然安排下我的蠢处。人类的言语太贫乏了。单是这河面修船人把麻头塞进船缝敲打的声音，在鸡声人声中如何静，你没有在场，你从任何文字上也永远体会不到的！我不原谅我的笨处，因为你得在我这支笔下多明白些，也分享些这里这时的一切！三三，正因为我无法原谅自己，我这时好像很忧愁。在先一时我以为人类是个万能的东西，看到的一切，并各种官能感到的一切，总有办法用点什么东西保留下来，我且有这种自信，我的笔是可以做到这件事情的。现在我方明白我的力量差得远。毫无可疑，我对于这条河中的一切，经过这次旅行可以多认识了一些，此后写到它时也必更动人一些。在别人看来，我必可得到"更成功"的谀语，但在我自己，却成为一个永远不能用骄傲心情来做自己工作的补剂那么一个人了。我明白我们的能力，比自然如何渺小，我低首了。这种心境若能长久支配我，则这次旅行，将使我在人事上更好一些……

这时节我的小船到了一个挂宝山前村，各处皆无宝贝可见。艄公却说了话：

"这山起不得火，一起火辰州也就得起火。"

我说："哪一个山？"原来这里有无数小山。

艄公用手一挥："这一串山！"

我笑了。他为我解释：

"因为这条山迎辰州，故起不得火。"

真是有趣的传说，我不想明白这个理由，故不再问他什么。我只想你，因为这山名为挂宝山，假若我是个艄公，前面坐了一个别的人，我告他的一定是关于你的事情！假若我不是艄公，但你这时却坐在我身旁，我凭空来凑个故事，也一定比"失火"有趣味些！

我因为这艄公只会告我这山同辰州失火有关，似乎生了点气，故钻进舱中去了。我进舱时听岸边有黄鸟叫，这鸟在青岛地方，六月里方会存在。

这次在上面所见到的情形，除了风景以外，人事却使我增加无量智慧。这里的人同城市中人相去太远，城市中人同下面都市中人又相去太远了,这种人事上的距离,使我明白了些说不分明的东西,此后关于说到军人,说到劳动者,在文章上我的观念或与往日完全不同了。

我那乡下有一样东西最值钱,又有一样东西最不值钱,我不告给你,你尽可同四丫头、九九,三人去猜,谁猜着了我回来时把她一样礼物。

我在家中时除泻以外头总有点晕,脚也有点疼,上了船,我已不泻不疼,只是还有些些儿头晕。也许我刚才风吹得太久了点,我想睡睡会好些。如果睡到晚上还不见好,便是长途行旅、车船颠簸把头脑弄坏了的缘故。这不算大事,到了北平只要有你用手摸摸也就好了。

……

我头晕得很,我想歇歇,可是船又在下滩了。

二哥
二点左右

重抵桃源
（一九三四年二月二日第三信）

　　我小船这时就到了桃源，想不到那么快的。这时大约还不过八点钟，算算时间，昨天从八点到下六点计十个钟头，今天从上六点到下八点计十四个钟头，一共廿四个钟头便把上行的六天所走的路弄完了。若不为了过常德取你的信，我明天是就可以到长沙的。若照如此经济办法说来，则从辰州到北平，也不过只需要七天或六天的日子罢了。我的小船这时已停泊了，我今夜还在船上睡觉，明天一早就搭了汽车过常德。我估想到那旅馆可以接到你三个信，有两个信却是同一天付邮的。这信中所说的正是我要听的话，不管是骂我也行，我希望至少有一个信，在火车上方不寂寞。我要水手为我买了十个桃源鸡蛋，也许居然还可以带一个把到北京。想到我不过五天就可以见着你，我今晚上可睡不着了。我有点发慌，我知道你们这时节是在火炉边计算着我的路程的。我仿佛看着你们。我慌得很！我们不在一块儿太久了！你真万想不到我每个日子如何的过。

　　我今天又看了一本新书，日本人所作的，提到近代艺术的一般思潮，文章还好却也不顶好。我想这种书你一定不高兴看，但这种书能耐耐烦烦看下去，对你实在很有益处。一般人不能作论文，不是无作论文的能力，只是不会作。看了这本书，也许多少有些好处。

　　这里有人用废缆做火炬，一面晃着一面在河边走路，从舱口望去好看得很。

二哥
二月二日晚

武昌

（一九三七年十一月六日）

三姊：

　　今天你来的电说拟缓来，不知为什么原因不上路。我猜想总有原因。若果这个信还可到你手边，我希望你对来不来好好打算一番。我到长沙时和杨先生商量到你们来好还是不来好，结果觉得能来还是来好。因为来到这里，大家即或过点困难日子，吃碗稀饭，也必比两地分开牵牵挂挂为妙。就目前情形，通信动不动即得半月，若两地交通一阻隔，我们心里不安，你们生活也不安，这种情形你可以想象得出。天气渐渐寒冷，十二月里海河一封冻，想来就不能再由天津坐船，到时必须坐车到塘沽，其不方便处不用提也明白。若不动身，则至少就得等到明年四月方可希望南行，战事到时如更恶化，如何走？走不动，信也难通，一年半载，说不定我还得向内地跑，这么办我恐怕你在北方日子过不了。纵生活无问题，精神上你受不了。你和孩子虽十分平安，还是不能安心，要做事，总有所牵绊，不便做。要写文章，不能写，要教书，心不安，教不下去。并且我自己知道你同时也知道，就是我离开你，便容易把生活转入一种病态，终日像飘飘荡荡，大有不知所归之慨。表面上生活即或还能保持常态，精神生活上实不大妥当。过日子不免露出萎靡不振神气，脑子且有点乱。你同我在一处时，就什么都好多了。可是如果你与我恰恰相反，在一处时为操心家事，为我种种麻烦，实在不大受用，离开我后，反而觉得一切简单得多，生活也就快乐得多。如果事实的确如此，我们就从长计划，你决定不即南行，依然和孩子留在北平不动，到得钱时，我即将钱寄来（如能照八月得千五，必寄一千来。恐怕只有一千左右，有一千我也寄六百来。

你想让九妹南行好，就让她过上海大姊处去）。不过这样办得先料到几件事，一是南北间隔，也许有半年音讯不通。二是我因事故会走入内地，离你更远。三是你在北方日子过得当真会好，且能安心过下去，又还对我放得下心，你自己又不会出什么不快乐不开心的事。你算算看，什么好就照你以为好的去做，我不强迫你做不乐意的行动。你不来事实上对我也未尝无好处，因为这时节住什么地方多久总难说定，要走动，一个人当然比一家人容易方便，有事变，一个人当然比一家人容易处置，要做事也还是独自一人好。可是这是"原则"，与"事实"相去稍远。事实是我们都得承认，如此时代，能在一处，不管过的是什么日子，总比离开好！你尽管说我不好，我在你身边时，麻烦你太多，共同过日子又毫无快乐可言，去你所理想太远，说不定留在北平，凡我所能给你的好处瑞菡或三婶就能代替，此外也正因为我不在你身边，还有更多想象不到的人给你的尊敬和友谊，使你觉得愉快。不过由我看来，两人的幸福，还是同在一处，方能得到。为孩子计，也是如此。为你计，也是如此。

　　你是不是仅仅为的怕孩子上路不便，所以不能下决心动身？还是在北方，离我远一点，你当真反而感觉快乐一点，所以不想来？不拘哪一种理由我都能了解而原谅，因为我爱孩子也愿意让你快乐。只是请告我一声，说明白了，免得我在这边发了电报写了信老盼望着，且总以为你已动身了，白着急，为你们路上经过而着急。我还得一本正经的同你说，不要以为我不明白你，或是埋怨你，疑心你，对你不肯南行就生气。我不生气。你即或是因为北平有个关心你，你也同情他的人，只因为这种事不来，故意留在北京，我也不妒忌，不生气。我这些地方顶明白道理，顶明白个人的分际。我近来因为读了些书，读了些关于生理学和人生哲学的书籍，反省自己，忽然产生了些谦卑情绪，对于我们的关系，增加了些义务感觉，减少了些权利感觉。这谦卑到极端时且流于自卑，好像觉得自己一切已过去了，只有责任在身。至于你，人既年轻，还有许多权利可得，虽做了两个孩子的母亲，不为的是报复，只为的是享受，有些人对于你的特殊友谊，能引起你的兴味时，还不妨去注意注意！我不是说笑话，不拘谁爱你或你爱谁，只要是使你得到幸福，我不滥用任何名分妨碍你的幸福。我觉得爱你，但不必须因此拘束你。正因为爱你，若不能够在共同生活上给你幸福，别的方面我的牺牲能成全你幸福时，我准备牺牲。有痛苦，我忍受痛苦。

为什么我说这些话？不是疑心你会如此如彼，只是我记起你某一时的感触，以及你的年龄，以为人事不可料者甚多，一个好端端的人也会发疟疾，害伤寒病，何况被人爱或爱人？我说真话，假若当真凑巧有这样事情到你生活上时，你完全不用顾虑到我，不用可怜我，更不用怕我，尽管做你以为是的好了。我这个人也许命运里注定要有那么一次担负的。我好像看到了这种幻景，而且俨然从这种痛苦幻景中，得到另外一种暮年孤寂生活的启示。我这人原来就是悲剧性格的人物，近人情时极近人情，天真时透底天真，糊涂时无可救药的糊涂，悲观时莫名其妙的悲观。想到的事情，所有的观念，有时实在不可解。分析起来大有数点原因：一是遗传上或许有疯狂的因子；二是年纪小时就过度生活在幻想里；三是看书太杂，生活变动太大；四是鼻破血出，失血过多，用脑太过。综合结果，似乎竟成了一种周期的郁结，到某一时自己振作不起来，就好像什么也不成功，你同我分裂是必然的，同别人要好是自然的。我到头还是我，一无所能，一无所得，与社会一切都离得远远的，与你也离得远远的。真糟糕。救济它只有一法，在你面前就什么都转好了，一切颜色，气味，声音，都感觉很满意，人仿佛就站住了。你一时不来呢，活该受罪，受自卑到无以复加的罪。

这种周期性的自加惩罚，也许还是体力的缺陷，睡眠不足，营养不足的影响，也许竟只是写这种长信的影响。一次好好的睡眠和一顿好好的饮食，少写点信，多晒晒太阳，就会减轻许多，不过要它断根，可真不容易。你一定记得，就是我们在一起时，有时也会发生这种症候，情形怪糟的。

你放心，我说虽说得那么可怜，总还是想法自救，正同溺水的人，虽然沉溺了，两手总还是捞着草根树枝，不让他下沉。日常生活照样打起精神干下去，而且极力找寻自己的优点，壮自己的气，想象世界明日的光明，以为个人值得努力生存。

　　给孩子和你自己照半打小相来，并来信告我，是不是当真觉得留在大城住下，对孩子好些，对你也觉得好些？不要为我设想，正因为只要你们过日子觉得好，我就受点苦也不碍事的。我极希望用我的痛苦换给你一点幸福快乐（我应当如此，必须如此）。几年来由于我的粗心，我的糊涂，给你太多不愉快，我愿意照你意思安排，得到我能得的种种。

二弟
十一月六日晚

沅陵

（一九三八年四月三日）

三姊：

　　十二、十三、十四号信都收到，孩子大小相片见到五张。放大相顶美，神气可爱。有同乡老前辈见到，说小虎简直与其祖父幼小时完全一样。祖父成人时壮美少见，小虎长大一定也极好看。小龙样子聪明，只是缺少男子雄猛气分。

　　家中紫荆已开花。铁脚海棠已开花。笋子蕨菜全都上市，蒜苗也上市。河鱼上浮，渔船开始活动，吃鱼极便利。

　　院前老树吐芽，嫩绿而细碎。常有不知名雀鸟，成群结队来树上跳跳闹闹。雀鸟声音颜色都很美丽。小园角芭蕉树叶如一面新展开的旗子，明绿照眼。虽细雨连日，橘树中画眉鸟犹整日歌唱不休。杨柳叶已如人眉毛。全个调子够得上"清疏"两字。人不到南方，对于这两个字的意义不易明白。家中房子是土黄色，屋瓦是黑色，栏杆新近油漆成朱红色，在廊下望去，美秀少见。耳中只闻许多鸟雀声音，令人感动异常。黄鸟声尤其动人。

　　今天星期，这时节刚吃过饭。我坐在写字桌边，收音机中正播送最好听音乐，一个女子的独唱。声音清而婉，单纯中见出生命洋溢。如一湾溪水，极明莹透澈，涓涓而流，流过草地，绿草上开遍白花。且有杏花李花，压枝欲折。接着是个哑喉咙夏里亚宾式短歌，与廊前远望长河，河水微浊，大小木筏乘流而下，弄筏人举桡激水情境正相合。接着是萧邦的曲子，清怨如不可及，有一丘一壑之美，与当地风景倒有相似处。只是派头不足，比当地风景似乎还不如。尤其是不及现前这种情景。

你十三号信上说写了个长信，不曾发出，又似乎想起什么事十分难受。我觉得不要这样子为一些感觉苦恼自己。这是什么时代？这时代人应当有点改变，在空想上受苦不十分相宜。我知道你一定极累，我知道孩子累你，亲人、佣人都累你，得你操心。远人也累你，累你担心一切，尤其是担心到一些永远不会发生的事情。我看你信上说的"你是不是真对我好"，我真不能不笑，同时也不能不……你又说似乎什么都无兴味了，人老了。什么都无兴味，这种胡思乱想却有兴味。人老了，人若真已衰老，哪里还会想到不真对你好。我知道，这些信一定都是你烦极累极时写的。说不定还是遇到什么特别不如意时写的。更说不定，还是遇到什么"老朋友"来信或看过你后使你受了点刺激而写的。总而言之便是你心不安定。我住定后你能早来也许会好一点。你说想回合肥真是做梦，你竟似乎全不知道这半年来产生了些什么事，不知道多少逃难者过的是什么日子，经验的是什么人生。我希望你注意一下自己，不要累倒，也不要为想象所苦恼。

希望你译书，不拘译本什么书都好，就因为我比你还更知道你，过去你读书用心，养成一种细致头脑，孩子只能消磨你的精力，却无从消磨你的幻想或思想。这个不曾消耗，积堆过久，就不免转入变态。或郁结成病，或喜怒无常。事后救济和事先预防，别无东西，只有工作。工作本身即无意义，无结果，可是最大好处却……①

---

① 现存原信缺尾。

沅陵

（一九三八年四月十二日第一信）

三姊：

　　小院子已绿成一片。老树也绿了，终日有八哥在树上叫，黄昏前尚叫个不止。居常天明以前落雨，白天不落雨。便在雨中，也有雀鸟叫。我们定明天上路，看情形，在这里恐不容易得到你来信了。这时节你一定以为我们业已上路，殊不知还是坐在廊下听鸟声。

　　路上至少得十天。试想想，上西山只是一点钟汽车，这里却得整整十天！爬的山至少比西山高二十倍，有些地方百里内无住户人家，无避雨处，无烧火处。路上情形，可以想见。可是一切有数，不用担心。这信到得你手边时，我或者已到昆明和熟人全见面了。也许半路出了意外（这是乱世极平常的），你记着一件事，不必难受，好好的做个人为是。国家需要你这样，孩子需要你这样，尤其是二哥，盼望你这样。死者完事，生者好好的活。使孩子健康长大，受良好的教育，不堕落，有父亲之刻苦做事，厚道待人，有母亲之明大体，爱清洁，守秩序，这就是成功，也就是做人。忘了我的小毛病，数年来对你的许多麻烦，且忘了我的弱点。应当忘掉的都得忘掉，莫为徒然痛苦所压倒。正因为未来日子甚长，可做事还多。你还年纪很轻，我知道说到这点会使你难过起来，可是不能不说说。我倒什么都不怕，遇什么都受得了，只是想念及你和孩子，好像胆量也小了，心也弱了。本来定今天上路，就因为担心心弱，腰部不大舒服，便休息了一天。小五哥已于前天上路，他的通信可由晏池先生转。

　　很想念小虎，半年来不见他，已想不出是个什么样子。头发眼睛想不出，神气也想不出。九妹若想过上海，有伴上路，让她上路。大姐三嫂同住，到了那里，日子也许可以变变。不想走，即需好好过日子。这世界，万千人都欲活不能活，我们能吃、喝、住，毫无困难，应当知道已不容易。再不好好过日子，等等不知自重，自己向自己捣乱。回沅陵住是妄想，房子虽好，生活如何支持？大哥因三哥困难，不寄钱来，生活并不从容，性情认真而天真，九来恐过不惯。将来也许可望你们都来住，你们一同来住。这地是为小虎小龙准备的。在我住楼房右手，现在只有一匹马，三五株竹子，两堆芭蕉，一片草。房子约四五百元可以成就。花钱极少，弄得极好看合用。我希望到八九月你们当真便可来这里住。小虎到这里来，必十分快乐，因为鸟雀之多，不可形容。小龙来时一定只想上城，屋后不远即可上城，在城上可看的很多。鱼很新鲜，美观之至，在河边可看人打鱼。河边虽不如青岛海边好看，并且不如海边干净，可是船只极多，木筏也好，颜色气味都令人感动。负柴担草妇人过渡时，尤其好看。半渡时两岸如画，四围是山，房子俨然全在山上。房子颜色很美，对河即可看到。走近北门时，高石墙如城，藤萝缭绕，上不少阶石才到大门，进门青翠扑人。如你当时同杨小姐一路，这时住这里，必觉得比上昆明好。在廊下看山，新绿照眼，无法形容。鸟声之多而巧，也无可形容。近日来常有一八哥，老老实实稳当当坐在新发叶子的老树枝上，叫了一会儿又休息休息，听别的鸟叫，休息过后又接着叫。

　　杜鹃还不曾开口。

四弟焕顿首[1]

四月十二

---

[1] 沈从文在沈家男性中排行老二，故给张兆和的信中常自称"二哥"或"二弟"。若包括已夭亡的姐姐，他在沈家又行四。"焕"是原名岳焕的简写。此处自称"四弟焕"，可能是在家乡勾起种种记忆之故，是一种即兴抒情。

沅陵
（一九三八年四月十二日第二信）

三姊：

昨天黄昏感觉疲倦，腰部大不舒服，因此上了床，决定停一天再走，因此今天不走。白天写信时觉得很好，到下午有点不妥，尚以为信写得太多了的原因。吃过饭，便觉得又有点和昨天差不多情形，肚子咕噜噜作响，人很疲倦，又想睡。骨节作痛。情形与昨天一样，与小五哥杨小姐数日前所患也一样。应当休息再说。可是行李已打了包，什么都准备好了。还是决定明天上路，一切交之于天：不上路我也不成。钱已快用光了。不上路什么都得重新想法。也许在边境上我可休息两天，因等车而休息。

这时节已将近黄昏，尚可听到八哥和画眉叫声。城头上有人吹号角。我有点痛苦——不，我有的是忧愁——不，我只是疲倦而已。我应当休息，需要休息。

想起你每日为孩子累倒的情形，我心中充满同情。若两人在一处，这疲倦便抵消了，会很平静的坐在廊下，看黄昏中小山城炊烟如何慢慢上浮，拉成一片白雾，一切鸟声市声犹如浮在白雾里。

×小姐同刘家父女同大哥正在楼下小房中玩牌，大家都欢喜大哥。

过一会儿我也许还可听听音乐，想它会能恢复我一点力量，一点生气。如明天可以上车，明天这时节，我一定住在一个小小旅馆里，地方比这里小得多，可是风景却美丽得多。住的地方是黔湘边境，说不定入夜即可听狼嗥，听豹子吼。

头有点闷重，应当休息。又似乎吃错了冷茶，我记起了我不宜于吃冷茶，一吃即出毛病。多久以来即注意到这件事。不凑巧今天又这么来了一下。

  这里黄昏实在令人心地柔弱。对河一带，半山一条白烟，太美丽了也就十分愁人。家中大厨子病霍乱一天，即在医院去世，今天其父亲赶来，人已葬了，父亲即住在那厨子住的门房里，吃晚饭时看到那老头子畏怯怯的从廊子下边走到厨房去，那种畏怯可怜印象，使我异常悲悯。那么一个父亲，远远的跑来，收拾儿子一点遗物，心中凄凉可知。尤其是悲哀痛苦不能用痛哭表现，只是沉默默的坐在那门房里，到吃饭时始下厨房去吃饭。同住的是个马夫，也一句话不说，终日把他的烟管剥剥剥敲房枋。小五哥一走，天又下雨，马像是不大习惯，只听到在园中槽口上打喷嚏。园中草地已绿成一片。

  小虎小龙和你若此时在我身边，我一定强多了。

  窗间还亮，想睡又觉太早。

  孩子使你累得很，到累倒时，想想我的情形，会好一点。我不会忘记你们的。黄昏，半夜时听隔屋孩子哭声，心里也很动念，仿佛哭的是小虎。

  小龙一定不常哭了。天气转暖，孩子一定已可穿薄夹衣看花了，这里我又穿上了棉袍，也许还得一直穿上昆明。被盖留下大丝棉被，换了一床蓝色绸纱的，比较小，比较轻。箱子只带两个小的，大的不带。将来要带也方便，邮局寄运行李较公路自带还稍贱。

  黄昏已来，只听到远远的有鸟雀唤侣回巢，声音特别。有孩子笑嚷。我想给你们寄点印花布，做孩子被单，这里印花布太美，来不及了，将来或要大哥寄，当信寄可收到。

  手边有一本选集，一本《湘行散记》，一本《边城》，一本《新与旧》，一本《废邮存底》，象征卅年生命之沉淀。我预备写一本大书，到昆明必可着手。

  健吾有信来，奇怪……据说是爱国女学的学生。想来很有意思，因料不到有那么一个人同看电影，同过日子的。

  大姐无信来，想已回上海，又以为我们上了路。若彼尚在汉口，必可见小五哥。

听到杜鹃叫了,第一次听它,似在隔河。声音悲得很。无怪乎古人说杜鹃悲啼,神话中有杜鹃泣血故事。几个北来朋友还是一生第一次听到它。声音单纯而反复,常在黄昏夜半啼,也怪。

吻你和孩子。

四弟
四月十二日下七时

沅陵

（一九三八年四月十三日）

三姊：

　　天尚未亮，隐约中可见到一些山树的轮廓，和一片白雾。不知何处人家，丧事经营，敲打了一整夜锣鼓，声音单调而疲乏。一定当真疲乏了。和尚同孝子，守夜客人和打杂帮工，在摇摇欲坠的烛光中，用鼓声唱呗声振奋自己，耳朵中也听到鸡声，且估计到厨房中八宝饭早点莲子羹，热腾腾的在蒸笼里等待着。这鼓声大约一千年前就那么响着，千年来一成不变。

　　杜鹃各处叫得很急促，很悲，清而悲。这鸟也古怪，必半夜黄昏方呼朋唤侣。就其声音之大，可知同伴相距之远，与数量之稀。北方也有，不过叫声不同罢了。形体颜色都不怎么好看，麻麻的，飞时急而乱，如逃亡，姿势顶不雅观。就只声音清远悲酸。

　　我们准备五点半就过江，还得叫城门，叫渡船，叫……所谓内地旅行便如此。"鸡声茅店月，人迹板桥霜。"写的就正是这种早发见闻。渡江时水上光景异常动人。竹雀八哥尚在睡梦中——在睡梦中闻城里鼓角，说不定还做梦，梦到被大鸟所逐，恶犬所捕，或和黄鸟要好！一切鸟都成双，就只黄鸟常常单身从林端飞出。叫声也表示它的孤单。啄木鸟也孤单，这孤单却正说明立场在各自工作求食，与黄鸟孤芳自赏性格不同。

　　大家都起床了，只待上路。得下山，从一个出窑子的街（尤家巷）过身，说不得过路时还有狗叫，那些无顾客姑娘们，尚以为是别的主顾出门！出了尤家巷到大街，门照例是掩上的。城门边有个卖豆腐的人，照例已在推磨打豆腐了。出城时即可见到一片江水，流了多久的江水！稍迟一点过渡，还可看到由对河回来的年轻女子，陪了过往客人睡了一晚，客人准备上路，女人准备回家。好几次在渡船上见到这种女子，默默的站在船中，不知想些什么，生活是不是在行为以外还有感想，有梦想。谁待得她最好？谁负了心？谁欺她骗她？过去是什么？未来是什么？唉，人生。每个女子就是一个大海，深度宽泛，无边无岸。这小地方据说就有五百正规女子，经营这种事业。这些人倘若能写，会有多少可写的！

鸡叫得较促，夫役来了，过廿分钟我就在渡船边了。小虎这时节也许已经醒了，你小房中灯已亮，小龙也许正在叫姆妈，翻了个身。这纸上应当有杜鹃声，鼓角声，鸡声，以及楼下大哥大嫂安排物件话语声。同时且应当有另外一种声音，宝贝。

吻两个孩子。

四弟
五时过十分

昆明

（一九三八年七月三十日第一信）

三姊：

　　已夜十一点，我写了《长河》五个页子，写一个乡村秋天的种种。仿佛有各色的树叶落在桌上纸上，有秋天阳光射在纸上。夜已沉静，然而并不沉静。雨很大，打在瓦上和院中竹子上。电闪极白，接着是一个比一个强的炸雷声，在左边右边，各处响着。房子微微震动着。稍微有点疲倦，有点冷，有点原始的恐怖。我想起数千年前人住在洞穴里，睡在洞中一隅听雷声轰响所引起的情绪。同时也想起现代人在另外一种人为的巨雷响声中所引起的情绪。我觉得很感动。唉，人生。这洪大声音，令人对历史感到悲哀，因为它正在重造历史。

　　我很想念小虎小龙，更想念起他们的叔叔①，因为叔叔是很爱他们，把他们小相片放在衣袋中的。一年来大家所过的日子，是什么一种情形！我们隔得那么远，然而又好像那么近。这一年来孩子固然会说话了，可是试想想，另外一个地方，有多少同样为父母所疼爱的小孩子，为了某种原因，已不再会说话，有多少孩子，再也无人来注意他！

　　我看了许多书，正好像一切书都不能使一个人在这时节更有用一点，因为所有书差不多都是人在平时写的。我想写雷雨后的边城，接着写翠翠如何离开她的家，到——我让她到沅陵还是洪江？桃源还是芷江？等你来决定她的去处吧。

　　近来极力管理自己的结果，每日睡六小时，中时还不必睡，精神

---

① 作者的弟弟沈荃，自1937年在浙江嘉善保卫战负伤后，1938年在九江沽塘与日军血战中又一次负伤。

极好。吃饭时照书上说的细嚼主义，尤有好处，吃后即做事，亦不觉累。已能固定吃两碗饭。坐在桌边，早到晚，不打哈欠。

孩子应多睡一点，因为正在发育，大人应当少睡，方能做出一点事情！

一家人都上西山玩去了，只剩下我一个人坐在桌边。白天天气极好，已可换薄夹衣。但依然还不至于到要吃汽水程度。所以这里汽水从不用冰冰过。看看大家都能够安心乐意的玩，发展手足四肢之力，也羡慕，也稀奇。羡慕兴致甚好，稀奇生活毫无建树，哪有心情能玩！据我个人意思，不管又学什么，一天到晚都不会够，永远不离开工作，也不会倦。可是我倒反而成为病态了，正因为大家不觉得必须如此，我就成为反常行为。翟明德视为有神经病，你有时也觉得麻烦，尤其是在做事时不想吃饭，不想洗脸，不想换衣，这一类琐事真够麻烦。你可忘了生命若缺少这点东西，万千一律，有什么趣味可言。世界就是这种"发狂"的人造成的，一切最高的记录，没有它都不会产生。你觉得这是在"忍受"，我需要的却是"了解"。你近来似乎稍稍了解得多一点了，再多一点就更好了。再多一点，你对于我就不至于觉得凡事要忍受了。

近来看一本变态心理学，明白凡笔下能在自己以外写出另一人另一社会种种，就必然得把神经系统效率重造重安排，做到适于那个人那个社会的反应——自己呢，完全是"神经病"。是笑话也是真话，有时也应当为这种人为的神经病状态自悼，因为人不能永远写作，总还得有平常人与人往来生活等等，可是我把这一套必须方式也改变了。表面上我还不至于为人称为"怪物"，事实上我却从不能在泛泛往来上得到快乐。也不能在荣誉、衣物或社会地位上得到快乐。爱情呢，得到一种命运，写信的命运。你倒像是极乐于延长我这种命运。为我吻孩子。

四弟上
卅早七点

昆明
（一九三八年八月二日）

三姊：

　　得孩子们相片，并七月十六日信。小虎简直太像洋娃娃了，大家都觉得好看得可笑，都愿意他早来受众人欢迎。他不来很耽搁我事务，因为望着他那睁得极大对一切俨然惊奇的眼睛，我就好笑，什么也不用做了。文件已办，日内寄港。

　　真一来信说你想由上海转船。我看还是香港好，因为那里有萧三哥和你二弟照料一切，省事而方便。来时记着，为你和九和孩子，到港"白塔"那么一个外国名铺子，各买胶底麻麻的织成材料的鞋子一双，徐植婉说大人的只一元八一双，这里可买不着。但鞋子到这里穿它可顶合用。我也需要，只是不便带，就不带。

　　树藏款算来应已拨到。各书各物不必吝惜，丢的丢，不要紧。我那些宝盘子尽可能带来存老伯伯处好，带来也好，全寄存瑞菡处更好。这里不需要它，因为走动时磕磕撞撞不便。这里有四个。最可惜的是在家打破那个小的，旁边有小眼儿的，只剩下些碎片，非常可惜。我们若当真在北方住上十年，我的收藏倒真可成一格，能印出书来必成为一本很有价值的书。现在已不可能了。我拟在无事时写一本忆盘录，用顶新方法来写它，每个盘子成为一个故事。

　　但愿路上平安。

　　熟人统问好。

　　　　　　　　　　　　　　　　　　　　　　　四弟

　　　　　　　　　　　　　　　　　　　　　八月二日下午

昆明
（一九三八年八月十九日）

三姊：

　　这信是托一个人带来的：我为给你写信，脑子全搅乱了，不知要如何写下去好。我很希望依然能够从从容容同你谈点人事天气，我写来快乐点，你看来也舒服点，但是办不到。一写总像同你生气似的。我为你前一来信工作又搁了一礼拜。心里很乱，头很乱，信写来写去老是换纸。写到后来总不知不觉要问到你究竟是什么意思，是打算来，打算不来？是要我，是不要我？因为到了应当上路时节还不上路，你不能不使人惑疑有点别的原因。你从前说的对我已"无所谓"，即或是一句"牢骚"，但事实上你对于上路的态度，却证明真有点无所谓。我所有来信说的话，在你看来都无所谓。

　　你的迁延游移，对我这里所有的影响是什么事也不能做，纵做也不会好。这样下去自然受不了。

　　所以我现在同你来商量，你想来，就上路，不愿意来，就说"不来"（不必说什么理由，我明白理由）。从你信上说准了不来，我心定了，不必老担着一份心，我就要他们把护照寄回缴销，了一件事，如此一来，你不会再接我这种无理催促的信，过日子或安静一点，我不会巴巴白盼望，脑子会好一点。

　　决定不来后，这半年还要多少钱，可来信告我一声，当为筹措拨来。我这里一切情形，你无兴味，我将不至于再来连篇累牍烦你了（你只说是为孩子，爱他，怕他们上路受苦所以不来，不以为是变相分离，这一切都由你）。我这里得到你决定不来信后，心一定，将重新起始好好的过日子下去。再不做等待的梦，会从实际上另外找出点工作去做。

我们这里事务年底结束一部分，明年从新另作。你们来，我自然留下不动，若不来，或到那时我就换个地方。有好些地方我都可去，同小龙三叔一处，就是种很好的生活。虽危险点，意义也好点。

　　给我来信时说老实话，不要用什么不必要的理由，表示你"预备来，只是得等等"，如此等下去。这么等下去是毫无意义的，费钱，费事，费精神的。时移世变，人寿几何？共同过日子，若不能令你满意，感到麻烦和委屈，我为爱你，自然不应当迫促你来受麻烦受委屈。只要你住下来心安理得，我为忏悔数年来共同生活种种对不起你处，应尽的责任必尽。为了种种不得已原因，我此后的信或者不能照往常那么多了，还望你明白这时是战争，话不好说，也无什么可说，加以原谅。你只好好照料孩子，不必以远人为念。我自己会保重，因为物质上接济，对孩子们责任，我不至于因你任何情形，我就不肯负责。凡是我对你们应尽的责任，永远不会推辞。

　　我心乱也只是很短期间的事，痛苦也不久长，过不多久就会为"职务"或"责任"上的各种工作，来代替转移了。我很愿意你和孩子幸福而快乐。很愿意你觉得所有的打算，的确使你少些麻烦，忘掉委屈。单独住下来比同我在一处，有意思些，安静些，合乎理想些。

　　我写到这里时心很静，不生气，不失望。我依然爱你和孩子，虽然你们对于我即或可有可无，我也不在意。这里天气热时，可以穿夹衣，今天天气又冷一点，我的厚驼绒袍又上身了。桌上有两个孩子的相片，很乖很可爱。我看了许多书，看书的结果，使我好像明白了些过去不明白的事情。看苏格拉底，那种做人的派头，很有意思。看……写这个信时，竟似乎把六七年写信的情绪完全恢复过来了。你还年轻，不大明白我，我也不需要你明白。你尽管照你打算去生活吧。

　　我很想用最公平的态度，最温和的态度，向你说，倘若你真认为我们的共同生活，很委屈了你，对你毫无好处，同在一处只麻烦，无趣味，你无妨住下不动。倘若你认为过去生活是一种错误，要改正，你有你的前途，同我在一处毁了你的前途，要重造生活，要离开我重新取得另外一份生活，只为的是恐社会不谅，社会将事实颠倒，不责备我却反而责备你，因此两难，那么，我们来想方设法，造成我一种过失（故意造成我一种过失），好让你得到一个理由取得你的自由，你的幸福。总之在共同生活上若不能给你以幸福，就用一别的方法换你所需要幸福，凡事好办。我在小问题上也许好像是个难说话的人，在这些大处却从无损人利己企图，还知所以成人之美，还能忍受，还会做人。我很希望你处置这类事，能用理智，不用情感。不必为我设想，我到底是一个男子，如果受点打击为的是不善待你而起，这打击是应当忍受的。我已经是个从世界上各种生活里生活过来的人，过去的生活上的变动太大，使我精神在某方面总好像有点未老先衰的神气，在某方面又不大合乎常态，在某方面总不会使近在身边的人感到满意，都是很自然的，不足为奇。我也可以说已经老了。你呢，几年来同我在一处过日子，虽事事委屈你受挫折麻烦，一言难尽。孩子更牵绊身边，拘束累赘消磨了少年飞扬之气不少。但终究还年轻得很，前途无限。在情感上我不绊着你，在行为上孩子不绊住你，你的生活还可以同许多女孩子一样，正可在社会上享受各种的殷勤，自由选择未来的生活。要变更生活，重造生活，只要你愿意，大致是非常便利的！不用为我设想，去做你所要做的事情罢。倘若我们生活在委屈你外一无所得，我绝不用过去拘束你的未来行为。你即或同我在一处，你还有权利去选择你认为是好的生活。你永远是一个自由人。

我把住处已整理得很好了，窄而小，可是来个客坐下时很舒适。两个长篇已开始载出，一个八月十三起始，一个八月七号起始。我想想，我这个人在生活上恐怕得永远失败了，弄不出什么好成绩了，对家人，朋友，都不容易令人如何满意（即或我对此十分努力也是徒然），我的唯一成就，或者还是一些篇幅不大的小册子。我的理想，我的友谊，我的热情，我的智慧，也只能用在这一堆小册子上。即如这些作品，所谓最好的读者，也不会对之有多少认识，不过见着它在社会上存在，俨然特殊的存在，就发生一点兴味罢了。真正说来倒是孑然孤立存在到这个世界上，倏然而来悠然而去，对这个流俗趣味支配一切的世界是不生多大影响的。想到这里，我毫无悲伤情绪。我正在学习古来所谓哲人，虽活在世界上，却如何将精神加以培养，爱憎与世俗分离，独立阅世处世的态度。学认识自己，控制自己，为的是便于观察人生，了解人生。自己做到不忧，不乐，不惧，不私地步，看一切就清楚许多。目前还不免常有所蔽，学养不到家，因此易为物囿。在作品上能表现"明察"，还不能表现"伟大"，再经过一些试炼——一些痛苦的教训，一种努力，会不同点。间或也不免为一些人事上的幻念所苦，似乎忍受不来，驾驭不住，可是一切慢慢的都会弄好的。譬如你即或要离我他去，我也会用理性管制自己，依然好好的做事做人，且继续我对孩子应负的责任。在任何情绪下我将学习"不责人"的生活观。不轻于责人，却严以律己，将自己生活情感合理化，如此活在这个社会中，对于个人虽很容易吃亏，对于人类说不定可望有一点不大不小的贡献。

不要以为我说的是气话，我无理由生你的气，我告你的是你应当明白的。至于你自己呢，你似乎还不大明白你自己，因此对我竟好像仅仅为迁就事实，所以支吾游移。对共同过日子似乎并无多大兴味，因此正当兵荒马乱年头，他人求在一处生活还不可得，你却在能够聚首机会中，轻轻的放过许多机会。说老实话，你爱我，与其说爱我为人，还不如说爱我写信。总乐于离得远远的，宁让我着急，生气，不受用，可不大愿意同来过一点平静的生活。你认为平静是对你的疏忽，全不料到平静等于我的休息，可以准备精力做一点永久事业。你有时说不定真也会感到对我"无所谓"，以为许多远近生熟他人，对你的尊敬与爱重，都比我高过许多，而你假若同其中一个生活，全会比同我在一处更合宜，更容易发展所长。换言之，就是假若和这些人过日子，一定不至于有遇人不淑之感。可是你却无勇气去试验，去改造。这有感想难实现的种种，很显然只能更增加你对事实上的我日觉得平凡，而对于抽象中的他人觉得完美。我很盼望你有机会证实一下你的想象，不必为我设想，去试验另一种人生。如果能得到幸福，那是你应当得到的幸福，如果结果失望，那你还不妨回头，去掉那点遇人不淑之感，我们还可把生活过得上好！你既不能如此，也不肯如彼，所以弄得成现在情形。你要怎么办（爱我或不爱我），我就不大明白，你自己也仿佛不十分明白（正因为如果自己很明白，就不至于对行止游移，且在游移中迁延时日了）。不相信试去想想，分析一下自己，追究一下自己，看看这种游移是不是恰恰表现你主意不定的情状（表示你不愿来，不能去，以如此分开权为得计的情状）。这么分开两地，原来只是不得已而如此，你却转以为好，有办法和机会带孩子来，尚不自觉见出你乐于分居的态度。我说的不自知，正即谓此。你还不大知道这么办对目前为得计，对长久如何失计。因为如此下去，在你感觉中对我的遇人不淑之感，即或因"眼不见心不烦"可以减少一些，对人的证实幻想机会却极多，又永不去完全证实一下，情形就很容易成为对我的好意的忽略，对自己无决断无判断力的继续，你想想，这于你有什么好处？孩子有什么好处？你对南行的态度就恰恰看出你对生活的态度。你若自己知道的多一点时，行或止都会有更确定的主张，拿得出这种主张。

在来信上我老爱问你："究竟意思是怎么样？"因为你处处见出模糊。我还要说"一切由你"，免得你觉得我对你有所拘束，行动不能自由，无从自主。我很需要你在一切自由情形下说明你的意思。要甘苦与共的同过患难日子？要生活重造不再受我的委屈？要不即不离维持当前形势？不妨在来信中说个明白。我可以告你的是：我绝不利用我的地位，我的别的拘束你，限制你，缠缚你。你过去当前未来永远是个自由人。你倘若有什么理想，我乐于受点损害完成你的理想。你要飞，尽可飞。你如果一面要迁就事实，一面又要违反事实，只想两人生活照常分得远远的，用读读来信打发日子，我只怕在短期中你会失望，这种信写得来也寄不来，因为这时代是"战争时代"！看看这一天又过去了，什么事也不能做，写了那么多"老话"。斜阳在窗间划出一条长线，想起自己的命运，转觉好笑。我自己原来处处还是一个"乡下人"，所有意见与计算，说来都充满呆气，行不通的。家庭生活不能令你发生兴趣，如此时代，还认为在一处只有麻烦，离得远远的反而受用，你自然是有理由的。我的生活表面上好像已经很安定了，精神上总是老江湖飘飘荡荡。情绪上充满了悲剧性，都是我自己编排成的，他人无须负责也不必给予同情的。我觉得好笑，为什么当时不做警察，倒使我现在还愿意做一警察。

四弟兆顿首
八月十九

颐和园

（一九四八年七月二十九日）

三姊：

　　回来好累，睡了大半天才回复。事情都照吩咐办好，只是把小钥匙也带回来了，一面龙龙又想来看看学校，所以派他回城送钥匙。更重要的还是将以瑞①信送上，看看你就知道，这一月恐怕是重头戏！是不是我进城看卷子时，就听他来和孩子们住，反而经济省事？这待你斟酌，或许那么也好。他信是今天晚上才得到的，信上说一号来，你还得事先过中老胡同安排一番！如果他一来金隄②不肯再住，还得将住下一切事传授以瑞。尤其是有关门禁事，得记住。

　　今天上午孟实在我们这里吃饭……晚上他们都在魏晋③处吃包子……我不能说厌，可是却有点"倦"，你懂得这个"倦"是什么。不知为什么总不满意，似乎是一个象征！我想，如果你还要在城中住半月，我又要看卷子半月，如果这么着，似乎还以提前返回城中（听龙龙住清华瑞芝④或王忠处），省事，省费，省精神。不然住下来有轻松也有担负，尤以情绪上负重不受用，而这负重又只有我们自己明白。我近来竟感觉到，霁清轩⑤是个"风雅"地方，我们生活都实际了点，我想不得已就"收兵回营"也好！若你不用在城住得太久，我又只看卷子一礼拜或三五天，

---

① 以瑞，张兆和堂兄张璋（张鼎和）之子，天津北洋大学学生。
② 金隄，沈从文在西南联大时认识的朋友，曾将沈从文著作译成英文《中国土地》。
③ 魏晋，指风雅。下同。
④ 瑞芝，吴瑞芝，沈从文苗族同乡，当时在清华大学任职。
⑤ 霁清轩，颐和园东北偏僻处的园中之园，曾划归当时北平市长何思源作消夏别墅。

可能只看五天，那我们一同在乡下，气概似乎也就壮了一点。这事已到应商讨一下情形。如想回，即作为经济上有困难藉口要回，也无关系。今天晚上大家上山"魏晋"一番时，我本来已拟去，忽然烦心起来，竟抽回了。回了就和虎虎写信，预备龙龙带给你。可要希望不把倦和烦心也带给你，因为这也只是说玩的意思，一会儿即过去。我和你有些天生相同弱点，性格无用，脾气最怕使人不快，自己却至多只一小会会不受用。这信到时，应当想到我腹中已不泻，今天很好，早早即起身与孟实上青龙桥买菜，而写这个信时，完全是像情书那么高兴中充满了慈爱而琐琐碎碎的来写的。你可不明白，我一定要单独时，才会把你一切加以消化，成为一种信仰，一种人格，一种力量！至于在一处，你的命令可把我头脑弄昏了，近来命令稍多，真的圣母可是沉默的。虽然我知道是一种爱，但在需要上量似乎稍多了一点，结果反而把头脑变钝了许多。（教育学上早提到这一点！）至于写信呢，你向例却太简单。如果当面说的话能按数量改作信，在一处时，却把写信方法用作生活法则，你过不多久，一定会觉得更多幸福，也能给一家人分享。

我回到中老胡同，半夜睡不着，想起许多事情：第一是你太使我感动，一切都如此，我这一生怎么来谢谢你呢？第二是我们工作得要重新安排一番，别的金钱名位我不会经营，可是两人生命精力要在工作上有点计划来处理处理了。我不仅要恢复在青岛时工作能力和兴趣，且必须为你而如此做，加倍做了。更重要还是我想你生命保留了更多优厚秉赋，比谁都多，都近于搁置不用，如一个未开发的矿一般，再不能继续荒弃下去，要真正来计划一下如何使用了。第三是孩子，龙龙的教育方法和虎虎的体力，需要用一较新观点注意。龙龙要凡事从鼓励引兴趣，虎虎要从医生问计。今天龙龙得小平信，说因心脏病得休养，还可能得停一年学。小平从表面看精力实极好，还有问题。虎虎的骨骼在发育上怕得多给一分注意。几回大胖忽烧而下瘦，一面是病后疏忽，一面那个烧有问题，可能比疟，比蛔虫，比失调还稍微重一点。目下总不离贫血现象，而出汗又多，这事要在开学前去儿童医院看看。最好是努力使他恢复"小胖子"名号。胖而聪明比"瘦机伶"

容易照料。关于龙龙，我认为不妨事，功课赶得上，他因为体力活动发展而像是不大读书，不妨事。英文作文可能是我们教的方式有问题。他性格头脑有些成熟处，从感化入手易见功。至于你那个最大的顽童呢？更容易有办法，我下回劝你看三本书，即可完全见功。罚他有个穿黄褂褂的夫人，事情既办不到，沉默的忍受和唠叨的"洗脸！""刮脸！"又都不见效，就换一个方式来看看。这最好方式是要好，不当他是顽童，即当他是一个很可爱的朋友。信托，不太繁琐，一点儿谦退的客气，却不是媚疼，一种以道相勖的商酌，一点鼓励，却不做批评家。秘诀到此为止，再传授下去，我的手脚会有三百处被蚊子叮住了。我还是搁下了这个情书的抒情，来叙叙事吧。

韩先生说一号发薪一部分（似乎有五六千[①]）。你斟酌看，把应买的买买。照我想物价还要上去，比银价快。糖油可以办一些，煤也要些。此外笔我还要买些，孩子也要，这里的很好。也许什么都不宜买，因为要用钱多。要带点款来。菜钱只够一天用了。幸好这些日子鱼不来，鱼钱还可调动。

如果可能，我要好好配一副眼镜，让它像一副和"沈从文"相称的眼镜！不过数目一定可观，这也许要等等看。有特别减价皮鞋得准备一双。

得余处已去信，你也去个信问问三嫂[②]。

离你一远，你似乎就更近在我身边来了。因为慢慢的靠近来的，是一种混同在印象记忆里品格上的粹美，倒不是别的。这才真是生命中最高的欢悦！简直是神性。却混和到一切人的行动与记忆上，我想什么人传说的"圣母"，一点都不差。但是一个"黄衫客"（我们就叫那一位作黄衫客好），即或是真正圣母，也不会有什么神性，倒真是一片"人性"！让我们把"圣母"的青春活力好好保护下去，在困难来时用幽默，在小小失望时用笑脸，在被他人所"倦"时用我们自己所习惯的解除方式，而更加上个一点信心，对于工作前途的信心，来

[①] 指五六千万元。

[②] 三嫂，此处指作者的弟媳。下文的三嫂，指收信人的弟媳。

好好过一阵日子罢。我从镜子中看去，头发越来越白得多了，可是从心情上看，只要想着你十五年来的一切好处，我的心可就越来越年轻了。且不止一颗心如此，精神体力也都如此。

我想这个信有大半段空白，让你从这个补足我写不完的唠叨。

我正想起从中央饭店离开，坐了个洋车到了车站后，坐在那小箱子上为你写信情形，以及把时间再倒回去，你在学校楼梯口边拿了个牙刷神气。小妈妈，生命本身就是一种奇迹，而你却是奇迹中的奇迹。我满意生命中拥有那么多温柔动人的画像！更感动的是在云南乡下八年，你充满勇气和精力来接受生活的情形，世界上哪还有更动人的电影或小说，如此一场一景都是光彩鲜丽，而背景又如何朴素！小妈妈，我近来更幸福的是从你脸上看到了真正开心的笑，对我完全理解的一致。这是一种新的起始，让我们把生命好好追究一下，来重新安排，一定要把这爱和人格扩大到工作上去，我要写一本《主妇》来纪念这种更新的起始！

你试想想多有趣。捎这种信，按小说上习惯说来，必是什么"绿衣人"，我们的却是一条"紫豇豆"。你看看小龙，可不真是一条紫豇豆！不必揪他的耳朵，让他多吃一个大馒头吧。他们的消化力在家庭中真已成"问题"，我赞成回城以后恢复窝窝头制。隔天半顿，可能把"天才女"胃病也医好！

不必为我的"倦"担心。我总能用幽默自解的！如可以和龙龙去西单办办家务，买点牛肉来也好，经得起上桌子。我想试试看在这种分别中来年轻年轻，每天为你写个信……你好好陪三嫂住下，要她安心入医院，这时大家都说坐不得飞机，莫这时还冒险坐飞机。你也不要为霁清轩一切事操心，能那么办，就可以每天得到那么一个信。

我说是这信得有半页空白，不想半行也不剩下！凡魏晋都已入黑甜乡，大致已夜深了。

从文
七月卅日[①] 霁清轩

[①] 根据前后信内容，此信实写于7月29日夜。

颐和园

（一九四八年七月三十日）

三姊：

　　今早龙龙来，想必八点前后即可到城。杨先生来时，因为忘记把虎虎信附入信中，所以托老胥又带上。我早上即和孟实去青龙桥走走，看看乡村早市。带了点菜返回。鸡蛋一枚已到八万，半月中加四倍。

　　好些日子都无鱼吃，今天凑巧来了十一斤，如一小猪大，是公的。作价百九十万。冯杨二家既不在，我们就独享了它。大家动手处理，计"天才女"割洗烹鱼头，"北大文学院长"伐髓洗肠（到后由天才女炒鱼肺，鱼油多而苦，放弃），我批鳞处理整段，切分成六大件。这个报告若在历史上倒还动人！午后小虎虎一个人把大砖大石砌了个地灶，拾了松球松枝数袋，我举火熏鱼，两人一面谈笑一面动手，计用二小时熏成鱼约六斤。这回手续已弄对。香料不足不能单吃，如果味道还好，将来即可照办。因活动分子服务极敏捷，一会会即把松枝找来备用也。熏鱼还待烹调，未上桌子。饭后他们上山"魏晋"。我和虎虎坐在水边谈天说地，俨然恢复桃源小院子生活。这种谈天比上课好，因为从银河谈到地质。有一件新事可告，我已失去上山"魏晋"能力，脚被湿气弄肿了，恐得有一二天不便行动。已托人带灰锰氧，你也可为便中买点捎来。腹泻倒已止住，惟胃口未回复，不大想吃东西。这实小事，不足念。也不"倦"了，我早说过，只是一时一会儿事，不多久即过去的。我这时只为你有点儿发愁，以瑞这一月住下，我们暑假便算是完了。不得已时，也许还是我一人住城中"省"。精力经济都省。因为我会照料自己，而你和孩子们还可玩玩。

　　这时已近十点，我和虎虎坐在桌上大红烛下，他一面看《湘行散记》，一面喝柠檬水，间或哈哈一笑，为的是"水獭皮帽子"好笑！哪想到家里也还有那么一个小读者！傅先生明天进城，所以托他捎这个信。有关于家中要什么带什么，如果不能由龙龙办时，望交他办办。这里伢奶奶说要带一块碱，还要半袋面，一包盐，你斟酌看，面可由这里买，或省事些！米还多，不用带。盐碱都不妨在这里买，免繁琐。这里贵不多的。

院子中除了少几个人，其实凡事照常，可是不知为什么，空气竟像是不大一样！我一面和虎虎讨论《湘行散记》中人物故事，一面在烛光摇摇下写这个信，耳朵边听着水声秋蛩声，水面间或有鱼泼刺，小虎虎即唉哟一喊，好像是在他心上跳跃。又问《史记》是谁作的，且把从报纸上看到的罗马史故事复述。因为日长无事，读了许多报上问题。一切如此真实，一切又真像做梦！人生真是奇异。我接触的一份尤其离奇。下面是我们对话，相当精彩：

小虎虎说："爸爸，人家说什么你是中国托尔斯太。世界上读书人十个中就有一个知道托尔斯太，你的名字可不知道，我想你不及他。"

我说："是的，我不如这个人。我因为结了婚，有个好太太，接着你们又来了，接着战争也来了，这十多年我都为生活不曾写什么东西，成绩不大好，比不上。"

"那要赶赶才行。"

"是的，一定要努力。我正商量姆妈，要好好的来写些，写个一二十本。"

"怎么，一写就写那么多？"（或者是因为礼貌关系，不像在你面前时说我吹牛。）

"肯写就那么多也不难。不过要写得好，难。像安徒生，不容易。"

"我看他的看了七八遍，人都熟了。还是他好。《爱的教育》也好。"

一分钟后，于是，小小呼鼾从帐中传出。一定睡得怪甜的，因为白天活动了一整天。先是上午玩自己钓来的鱼，换水，在水中还加了些石卵，水藻，十分美观的。随即参加破鱼工作，拿家伙，研究内部组织。下午一个人做灶，拾松果枝子，参加熏鱼，并从旁享受创造快乐。

饭后谈天，就听我说小时竹林树林溪边种种，以及熏狗獾、猎野鸡、捉鹌鹑诸事，不胜神驰之至！夜来拉了一泡大屎，回到炕上时说了许多笑话，听我说到"为妈妈写的信就成《湘行散记》底本"时，就插口说："想不到我画的也成书封面！"我说："这书里有些文章很年轻，到你成大人时，它还像很年轻！"他就说："那当然的，当然的。"小妈妈，你想想小顽童和我交换意见时神气，除了你习惯了他会相信，别的人一定都不会相信的！他单独和我在一处时，似乎独立得多，老成得多，既无机会可"嗲"，也不再说"爸爸可笑"。好像还宜于做我的群众。但一到和你和龙同在一处，就大大不同了。和龙龙的阋墙战是手口并用，永不疲倦的（照我想可能是从学校习惯养成的，也是生理年龄上不可免的），在你身边呢，常常是把三四岁情感与"老油子"精神混成一片。我觉得如果间或有一阵子让他们如此分开三五天，一年中有那么几次，对他们都极好，可以纠正梳理他们情绪生活，也能补助人格教育甚多。我还想试试让龙龙去清华小住一阵，将来且可至农学院挹和处去，从教育观点上看，有好处。一切不同对于孩子都有意义，刺激耳目，并学习适应，对他们且不是目前有好处，将来还有作用！凡魏晋又都已酣眠了，只蚊子和我十分精神。脚掌不大受用，我还是得休息了。

二哥从文
三十日晚八时

华源轮·巫山
（一九五一年十一月一日）

　　三姊，船今天已入峡，一切使人应接不暇，动人之至。孩子们实在都应当来看看的，真是一种爱国教育！这时约二点钟，过不多久即要到一个重要峡内。已过清冷峡，兵书宝剑峡，新滩，秭归，巴东。昭君村和屈原宅也过了，屈庙可和历史的应有情形不大相称，不过如一个普通龙王庙矗立于半山岨而已。江水到此已不宽，前后统是山，水在山中转，有些地方似乎不到廿丈。水急而深。船一面行进一面呼唤，声音相当惨急。两山多陡绝。特别好看是山城山村，高高吊脚楼，到处有橘柚挂枝，明黄照眼。小湾流停船无数，孩子们在船板上船棚上打闹。一切都如十分熟悉又崭新陌生。因看峡景大家即停止学习一天。水窄处还不如沅水，两山有些地方也不如沅水山之秀峭。特别是水流黄浊浊的，壮而犷悍，和沅水清绝透明不同。过神女峰，秀拔直上天际，阳光强烈，因之斑驳白赭相间，特别美观。下五点左右泊巫山县，小船卖橘柚的，多拢船边，用小兜网揽生意。柚子一斤两个，橘子一斤四个，柿子一斤四个，大而红。县城沿江岸高坎上，有许多吊脚楼沿岸联接，也有人抬货物上船，船多在河边，一排排的十分安定在那里等待装载，和一个做母亲的神气一样。树木还绿阴阴的。气候恰和北京八月相近。川江这些地方，从河边看来都极美观。特别是小一些的村镇，屋前后橘柚垂实，明黄照眼，动人之至。山头都收拾得极干净整齐。上流一点有个山，山头圆圆的，上面有个相当大的庙宇，可能是什么楚王神女庙。下游一点一个尖山，相当高，上面也有个小庙，好看得很。

　　同行的大家都靠船边玩，看江景。也有在甲板上说笑话的，吃东西的,写信的。船上约定不许上岸,因此大家不上岸。其实能上岸看看,是有好处的,有教育意义的。照我理想说来,沿江各地,特别是一些小到二百或不过三十户的村镇,能各住一二月,对我能用笔时极有用,因为背景中的雄秀和人事对照,使人事在这个背景中进行,一定会完全成功的。写土改也得要有一个自然背景!可惜不易得那么一个机会。四川人自己呢,又日日生活在此山中,却从不料想到理解到这是了不得的好背景。不知道一切人事的发展,都得有个自然背景相衬,而自然景物也即是作品一部分!

过三天可以到重庆,闻将分发泸州附近,也是长江边,我希望可以到那么一个江边小村中去工作。但是也希望不要因为自然景物太好,即忘了工作的重要性。

在船上文件学习,越学越感个人渺小而无知。必须要十分谨慎的从领导上学习处理工作,方可少犯错误。一面从工作的方式中,也看出国家必然在此谨严步骤中逐渐推进,得到异常迅速进步,三五年后社会将完全改观。川江给人印象极生动处是可以和历史上种种结合起来,这里有杜甫,有屈原,有其他种种。特别使我感动是那些保存太古风的山村,和在江面上下的帆船,三三五五纤夫在岩石间的走动,一切都是二千年前或一千年前的形式,生活方式变化之少是可以想象的。但是却存在于这个动的世界中。世界正在有计划的改变,而这一切却和水上鱼鸟山上树木,自然相契合如一个整体,存在于这个动的世界中,十分安静,两相对照,如何不使人感动。

江上在这时已起了薄雾,动人得很。可是船上学画的,作曲子的,似乎对这一切都视若无睹,都似乎无从和他待进行的工作有个联系,很奇怪。其实这个江城这个时节的全面,一和历史感兴联系,即是一非常感人的曲子。我如会作曲,在心中泛滥的情感,即必然在不甚费事组织中,可以完成一支曲子。

这里也有另外一种曲子在进行,即甲板上的种种谈话,玩乐笑语,和江面小船上的人声嘈杂,江边货船上的装货呼唤,弄船人的桨橹咿呀声,船板撞磕声。另外还有黑苍苍的大鹰就江面捕鱼。一切都综合成为一个整体,融合于迫近薄暮的空气中。

我似乎十分单独却并不单独,因为这一切都在我生命中形成一种知识,一种启示——另一时,将反映到文字中,成为一种历史。

这时节船尾有上煤小船挨过,船上水手杂乱歌呼,简直是一片音乐,雄与秀并,而与环境又如此调和,伟大之至,感人之至。

天渐入暮,山一一转成浅黛蓝,有些部分又如透明,有些部分却紫白相互映照,如有生命,离奇得很。更离奇处即活在这个环境中人都如自然一部分,毫不惊讶,毫不离奇,各自在本分上尽其性命之理。

船又来了,蓬蓬蓬蓬的由远而近。

二哥

下六时　巫山县船上

内江

（一九五一年十一月八日）

三：

今天下午二时半到了内江县，是川南大地方，出糖和橘子，有文化，多知识分子。大地主可能也格外多。地方有文化，也有文物。为了文物，我可能要在土改后看些东东西西！水名沱江，大如沅水，清而急，两岸肥沃无可比拟，蔗园橘子园都一山一山连接。这几天橘子还未下，一片一片金星。土地之厚，除山东胶东所见，实在无可比拟。工作大致即在此县或邻县。一出来，心中即只有一件事，放下包袱，去掉感伤，要好好的来为国家拼命做事下去，来真正做一个毛泽东小学生！因为国家实在太伟大了，人民在解放后表现的潜力，无一处不可以见出。共产党在为人民做事工作上，也实在是无所不至。许多地方减租反霸中已把封建武力和土豪特权打垮。许多地方人民都站起来做了主人。年轻人更加可爱。到路上，有些穷人听说我们从北京来，都说是"毛主席关心穷人，天下穷人是一家"。这句话不仅表示人民信赖，实在还是无可比拟的力量！我们活在北京圈子里的人，见闻实在太小了，对于爱国主义的爱字，如不到这里地方来看看，也是不会深深明白国家人民如何可爱的！三三，要努力工作，你定要努力拼命工作，更重要还是要改造，你还要改造，把一切力量用出来，才对得起国家！要向工农干部更虚心的学习，对学生特别热心，国家实在要所有工作干部，都如此来进步！

从永昌隆昌过身，听小买卖老太太说，大户地主都看管起来不能动，孩子们在外讨吃，坏的都枪毙了。有田到三千亩的，穷人却十分正直，勤劳，而极端穷困。这一来，穷的都翻了身，不同了。一个快七十岁的老太太，到永昌时来卖咸蛋，一天赚二千。是个村长的妻子，家中十一口人。翻了身，分地主房子六间住。种棉八十斤称模范。和我说了二点钟，一面揩眼泪一面说，说毛主席关心她们，天下穷人是一家。我也试做宣传一番，我们说话彼此都懂，昨晚谈得她把生意也忘做了，今早又来谈，还一定要知道我名姓。我欢喜她得很，因为说到许多话都极动人，特别是身子小小的，瘦瘦的，和我外祖母神气一样。头上戴的绒帽是从地主家买来的，衣也是得来的。她还说："我把四个孩子盘大，两个做干部，做什么都成。过去送东西到地主家时，地主说'你臭，站远点！赶快走！'我就赶快走！这一来，毛主席关心我们穷人，我们不怕那些地主了，官司也不用打了。不久要分地，我让儿子媳妇种，我在家煮饭养猪。"可爱得很，因为说话神气同意见，都是我挺熟的。三三，只要我支持得下去，我一定会要为这些苦难人民再用几年笔的。我还不下乡，只一点滴已教育了我，再不能不改变自己，来为这个新时代拼命努力了。

我们住处名什么大厦，住二楼，两人一房间，很静。过三天，可能即得迁到一个贫农家去住的。我如到一个老太太家住，一定极容易合得来。我试了试用她们能理解的意思语言和她们谈话，还有办法。在中站又和几个年轻的铁路服务员谈天，其中还有些女的十六七岁的，还带得有《工农儿子》小说，谈得也满好。换句话说，我在群众中很可以做个宣传员，或文化教员。我一定要努力做去，把工作做好。

体力支持得住，心情却有时回复不易支持。五天来天气都阴沉沉的，到了内江忽然晴朗起来，心情也开朗多了。但是我知道，一定要到村子里去工作，才算是工作起始。要从乡村工作锻炼，自己也才能够在思想上真正提高。目下说来，处处还是小资的自私自利思想，个人打算，而且是幻想多而不切实际，受不住考验的，我要从工作实际中改造自己。能将工作完成，所得必然多。因为可以眼见一个阶级的抬头翻身，和随之而来的社会的变化！

这地方出糖，所以蜜饯甜得少见。一来招待即是这种甜蜜饯。

这里正有几千解放军在建新房子，一所所极好看的房子在平地生长，动人之至。成渝铁路也是他们修的，已到内江，每天有工程车，也附带卖票，三四个月后，可能即已可全程通车。服务员多年轻人，精神很好。汽车路大部分是和火车路平行的。这里是重庆和成都之间一个大县，去自流井也极近，只四十里，我想如分到自流井工作也好，因为背景都是有文学性的。自然景物很美，特别是土地生产力之厚，实在感动人。如此一个好地方，四十年来都被官僚地主支持的军阀弄得乱糟糟的，这一来自然什么都不同了。汽车多用酒精，这里酒精是造糖副产物，所以沿路汽车也多得很。

我离开北京十五天了，看到的人事和景物都是一生未见也未能想象的。一定要离开北京，才能够明白我们国家，是在一个如何空前变化中！是一个如何伟大发展中！

孩子们和石妈好。大家好。

从文
十一月八日下五时

这么学习下去，三个月结果，大致可以写一厚本五十个川行散记故事。有好几个已在印象中有了轮廓。特别是语言，我理解意思还理解语气中的情感，这对我实在极大方便。

我一定要来做个鼓动员，在乡村中是这样向人民学习，写出来也只是交还人民。

这里竹椅子都是宋代款式，低坐高后靠，如明清版画常见的，这里还一律保存。到处都有竹子，都用竹子，惟将来有可能还会把它的效果提高些，致用也更广大些。这是天生一种比任何材料还经济而轻便结实的东西！回来如方便，我可能想办法为石妈和革大那个老同志各带一张竹椅来。这几天总想起革大那个老同志，手似乎在解冻，有个半天空，也许就可以把他用三千字画出来了。我许了个愿心，要为他写个短篇的。一写保还生动，因我看了他十个月，且每天都和他在一块蹲蹲或站站的。他的速写相在大厨房和斯大林画同列在墙上，合式得很。素朴的伟大，性格很动人的。但是也正是中国农民最常见的！

内江

（一九五一年十一月十九日）

三姊：

　　寄的信应当可以收到，但是总得廿来天日子了。昨托寄《老同志》[1]一小文，抄过了五次，不怎么完整，还落实而已。在事的行进中，言语中，还要多一点，解释还要删节点，就对了。这是我的工作学习的起始，也测验得出，素朴深入，我能写，粗犷泼辣，还待学习。写土地人事关联，配上景物画，使人事在有背景中动，我有些些特长，也即是如加里宁说的，从土地环境中引起人对祖国深厚感情。至于处理人事复杂机心种种，我无可为力。今天已十九，我离开北京三个星期天了。这三星期和新事物的接触教育，只有一种感想，即终身来为人民的种种在生长的方面而服务。少拿点钱，多做点事，用作多久以来和人民脱节的自赎。看看这里干部的生活俭朴和工作勤苦，三姊，我们在都市中生活，实在有愧，实在罪过！要学习靠拢人民，抽象的话说来无用，能具体的少吃少花些，把国家给的退还一半，实有必要。如北大不即要我们搬[2]，务必去和张文教同志商量商量，拿一半薪已很多。余捐献给抗美援朝去好，还公家好。我相信你是能理解，能做到的。比起来，我实无资格用国家这个钱！我们不配用国家那么多钱的。不配用，你来看看即明白了。

　　这里工作照一定程序进行。过几天秋征场面必可展开。也是最后一次秋征，因为土地一变公私关系，方式即大不同了。对于当地社会，

---

[1] 这篇作品在作者生前未发表过。
[2] 实际上是在催促搬家。

我们能接触到的，还只是点点滴滴，但即点点滴滴，对于我教育意义，都是终生有影响的。特别是日日同在一起的村中干部，在本质上，心情状态上，言语派头上，工作方式上，都给了我极深而好印象。特别是在这么一个有点突出的自然环境背景中，我的综合学习，得到的东西，已多过云南数年的。一定要反映到新的工作中去的。比如还有机会能用，还有点时间可以自由支配来用，会生长一点东西的。这正和我们过崂山那时一样，我给你一种预约，保证有些东西已在孕育中，生长中，看不见，摸不着，可是理解得到。因为生命中有了一种印象，一种在生长发展的，虽如朦朦胧胧，经验上却极具体的东西。我要的只是一样，即自由处理的时间。没有它，什么都完事，一切空话。有时间，这一切，在我生命中的东西，恰和粮食种子撒到这地方的土地中情形一样，生长成熟是常态，而抑郁萎悴倒是变质！同时也希望体力能支持得下去。特别是脑子和心脏，待回复本来，不能再恶化下去。我得支持。因为我明白，有些工作，对于人民还有益。对人民革命和社会向前，特别是保留历史过程中最生动一个环节，我还要好好工作几年，能够做点事情。我爱这个国家！要努力把生命和历史发展好好结合起来。绝不违反人民、不孤立、不自大。

昨天饭后，独自出去走走，到屋后高处悬壁上去，四野丘陵连亘，到处是褐土和淡绿色甘蔗林相间相映，空气透明，潮润，真是一片锦绣河山！各处山坡上都有人在点豌豆种。远处人小如米点，白布包头蓝长衫，远看得清清楚楚。每个山坳或悬崖间，照例都有几户人家在竹树林间扬起炊烟，田埂间有许多小孩子和家中小狗在一齐走动。山凹间冲里都是水田，一层层的，返着明光。有些田面淡绿，有些浅紫。四望无际情景全相同。一切如童话中景象。一切却十分实在。一切极静，可是在这个自然的静默中，却正蕴藏历史上没有的人事的变动，土地还家，土地回到农人手中，而通过一系列变动过程，影响到每一个人，每一个人和另一个人的关系！一面是淡紫色卷耳莲在山顶水坝中开得十分幽美，塘坝边小小蓝色雏菊和万点星的黄菊相映成趣。一面是即只五岁，满头疥癞的小孩子，挑了小小竹箕去捡狗屎。从这个水坝边走过时，见了我们也叫土改同志，知道是北京毛主席派来帮穷人翻身的，你想想看这意义多深刻。一面是一些位置在山顶绝崖上的砦子，还完全是中古时代的风格，另一面即在这些大庄子，和极偏僻穷苦的小小贫农人家，也有北京来的或本地村干在为土地改革程序而工作。三姊，这对照太动人了，我不知为什么，独自在悬崖上站着，竟只想哭哭。这一来，虽不曾去过四哥①过去工作的地方，得不到大圩子印象，但是把四嫂叙述和这个景象一结合，有些东西在成熟了，在生长了，从朦胧中逐渐明确起来。我那个未完成的作品，有了完成的条件。大致回来如有半年时间可以自由使用，会生产一个新东西，也可能是我一生中仅有的成熟作品。即把这里背景移到四哥故事上去。这也是米丘林的做法，在文学，如求典型效果，且是唯一这样可得到特别成功的。你如记起《边城》的生产过程，一定会理解这个工作的必然性。我要的只是自由时间来完成。

我住处是个大糖房，在山顶上，属于地主高百万家产。门前即一冲水田，一级一级下去。房子四周全是慈竹，本地人名王竹，不许动笋子，因为用处多，生长容易，一切编物都用得到。也即是四川民族神话中的象征，竹王生于竹中，只有这种无所不用的竹可以当之。这竹子其实即一般常见的洋竹，如呈贡李地主家门前的那个样子，不过这里普遍生长而已。

房子前的水田杂树，特别是小竹林，都和电影或戏剧背景一样，在透明潮润空气中萧疏疏的。房子中侧屋是糖房堆糖处，大方石柱，大门栏，还有秘室，墙中有孔藏金银，特别是大容一二百石的木糖桶，在戏剧布景中是天然的，非常突出显眼，而又有极强烈好效果的。

就在这个院子中，黄昏前，来了些看病的女人（新设一医疗处），两个老太太拄拐杖来，走得极慢，从大石板栏的后屋走进。一个女孩子，长得干小小的，成年而不成熟，从前门进。医生在吃饭，这女孩

---

① 四哥，张兆和的堂兄张璋，原名张鼎和，革命烈士。作者从1948年起收集材料，打算创作一部以张鼎和为主人公原型的长篇小说。

子即坐下来和我谈话。姓徐,无父母,傍姑母为生:"大家做事大家吃,有什么吃什么。种了十二箩担的地,今年挖红薯六挑,只值八千文一挑。种了点牛皮菜。收粮食即拿去缴公粮。养了一只鸡,两只兔子,花二千五百文买来的(她用手比大小),小得很,养到了两斤重一个,抗美援朝捐献了一只,选大的捐。"说到这时笑了许久,很快乐。"要打倒美国鬼子才有好日子过。毛主席知道我们,要我们好好生产,选劳模。大家好好生产,吃一样饭,做一样事,过几年国家就好了。现在不同以往,往天乡保欺压人,不许讲道理。现在大家一样,讲道理,眉眼清楚,人好都说好。我过三天就要到甘蔗地做事,八斤米一天,一个月二百四十斤。也累,人多做起来好。要乘这个月做,糖房已开工。那边人多好热闹!……我住互助村,来耍喔!我要走了。"

天已快夜,拿过药,又说了一会儿,当真就走了。就是从那些梯田小径,甘蔗林长在悬崖边,和小房子依悬崖竹林边……弯弯曲曲小路走去。到家有三里路,一定黑了。理应还拾了些莴苣叶去,因为兔子欢喜吃莴苣叶。

三,一切都那么善良。生在那么一个寂寞平凡环境中,活在那么一种单纯工作方式中,却有一只亲手喂大的兔子,捐献给朝鲜的战士,为了打美国人!这是一种什么情感!为了国家!你想想看,我们应不应当自愧。这个人已活在我生命中,还要活在文字中。我一定要为她们来工作的,为她们终生工作,我的存在才有意义!天当真夜了下来,侧屋里有几个农干围到一盏灯唱小本词。一切极静,可是凡有人家处,都在动中,为土改进行程序而动,少年会,妇女会,老年会,知分会,富农会,地主训话会,自新坦白会……没有一个人闲着,一切脑子都在动——这就是历史,真的历史。一切在孕育,在生长。现实的人和抽象的原则,都从这个动中而发展,而进展。我的学习和其他同行似乎稍微不同,在工作上可能是个不及格的附员,但是把这个历史的点和面重现到文字中时,可能是一个相当好的工作者。为的是这一切都教育我,感动我,并支配了我。不过,这一点我无从向谁去说的,没有人理会的。大家一定以为我是个对事不关心的人,可不知一切事在如何空气下在动和变,我都一律关心,而且倾心。和我对面的一个村干,我和他话说得极少,他的报告内容,报告神气,报告中的特别长处和小小弱点,在戏剧中和在小说中是种什么情形,效果,我都熟习之至。但是,我什么都不说。我好像一点不亲热。

什么事都是生动的,新鲜的,而又可以用各种方式反映到文字绘画和音乐中的。是一切创造的源泉。只要有时间,什么都可以重现出来,而必然得到极好效果。这个事只有你明白,生一点人不会懂的。

同行中也有作曲的,住在离三里路远一个小村子里。和我谈起,以为来到的地方没有音乐。如指歌唱,本地人真是奇怪,统不会唱歌,凡是云南湖南江西及华北人民开口有腔有调的长处,这里都如被历史传统压力束缚,无生长机会。言语多清越可听,只是不会唱。可是一个习乐曲的,如一般美术、哲学、文学、绘画文化兴致高,广泛有个理解,则在这里却必然由转移方式,得到极多的启发。特别是丘陵起伏中的自然背景,任何时看来都是大乐章的源泉,是乐章本身!任何时都近于音乐转成定型后的现象,只差的是作曲者来用乐章符号重新翻译!很奇怪,即这一切对于一个习作曲的反而视若无睹。这也可见中国更新的作曲家的训练,得换换方式,必从一般文化提高,方能从自然中启发那个创造的心。这是一种艰难工作,但也是唯一工作。不知从万象取法,从自然脉搏中取得节奏,不会有伟大乐章可得的!

早上鸟声也教育人极深,唐人诗说山鸟悟禅机,大有道理。从早上极静中闻鸟声,令人不敢堕落,只觉生命和时代脉搏一致时的单纯和谧静。人事的动和自然的静相互映照,人在其间实在离奇。尤其是创造心的逐渐回复,十分离奇。党说为工作而忘我,稍稍有些理会。

附近糖房工作已开始,我估想得到,只要住上两天,即可从人事中得到一种极有价值印象,不甚费力转移到文字篇章上,也可给人一种非常动人印象的。本地人以为极平凡。这里包含了音乐、绘画、雕塑、戏剧各种元素的挹取综合,特别是工作者多为村干,工作的进展且联系到下一月的土改工作思想教育,生产和爱国教育,日夜分班动工,碾子日夜转动,糖锅日夜沸腾,原料如山堆积,成品如山堆积……

而其中且贯串着阶级斗争,太动人了!我知道一切感动并不即是一切作品,但它却必然是一切作品的媒触剂。一切成长都得通过了它,才有可能鲜明而具体的成为文学和艺术的作品。文艺座谈的重要性,唯有从这个环境里能深入一层体会,能印证为正确而切实。一切理论都只有从这种现实环境中,才可能深入理解。

我们在这里,有三个人带毛选来,在一张桌子一盏清油灯下同读,也是一件极动人的事情,或极意外事情。各有所得,各有所体会,但又有某一点完全相同,即对于这个重要历史文件的深一层理解。三个人中一个是郑昕,北大哲学系,我们的团长。一个查汝强,北京市党部,我们的秘书长。和周小平一样,才廿六岁,十五岁即工作。一个是我,一点不懂政治,却深深懂文学如何和历史结合,和人民结合,和某一阶层结合,用何种方式来表现,即可得到极高政治效果的土改队中无固定职务的工作员。正和过去与思聪、宗岱[①]三人同听悲多汶等全套乐曲一样,各有所得。思聪从作曲者和指挥者和器乐独奏者,都可得到一些东西。宗岱得的是音乐史中的某种东西。我呢,在直接方面似乎毫无所得,但间接转化却影响到好几本书,特别是几个给人有印象的东西,其中即有乐曲中的过程节奏。也近于乐曲的转译成为形象的试验。但理会到这点的人是不多的。

这里土地给人印象实在离奇。不见到,即不易想象。更离奇是许多同来的人,都视为平常自然,有些人且一生从未到过南方,而对于那么好的土地竟若毫无感觉,毫不惊异,特别是土地如此肥沃人民如此穷困,只感到这是过去剥削压迫的结果,看不出更深一些东西,看不到在这个对照中的社会人事最生动活泼的种种,对这个区域土改后的景象,也即缺少真正的深刻的爱和长远关心,任务完毕,可能即一切完事。这种对于新事物的发展和变化少感情,也很是特别。似乎这些情感被滞塞住,被郁积住。又似乎这些情感因过去适当年龄不曾好好培育过,即始终得不到好好发育机会。又似乎这种情感本来即近于

[①] 指音乐家马思聪和诗人、文学翻译家梁宗岱。

一种病的变质,仅为文学作者所独具,而非一般人所应有,因此大家活在历史中,对历史却了无兴趣。活在比任何文学艺术更复杂生动过程中,背景中,节目中,却人与境合,人境两忘,然而闲暇时却又去看土改小说,看他人写的东西!真是不可说,不易说的一种现实。这现实也就动人之至!

天气如好些,体力也好些,我一天总有点时间可到山顶上去看看,大家可能以为我是"自由主义",游山玩水的看风景,不会想到原来是在那个悬崖顶上,从每个远近村子,每个丘陵的位置,每个在山地工作的人民,从过去,到当前,到未来,加以贯通,我生命即融化到这个现实万千种历史悲欢里,行动发展里,而有所综合,有所取舍,有所孕育酝酿。这种教育的深刻意义,也可说实在怕人,因为在摧毁我又重造我,比任何外来力量都来得严重而深刻。我就在这个环境中思索,学习,而放弃了旧我,变得十分渺小。奇怪得很,一到那个悬崖上看到脚下山村,和更远一点山顶悬崖砦子时,我眼睛总是湿蒙蒙的。因为我体会得到,我的生命如有机会和这些印象结合起来,和这些肥沃美丽自然背景中的山村人事变动结合起来,必然会生长一些新的庄稼,一些特别的庄稼,不必如其他作家那么多,只要有三万到八万字,即可得到一种不易设想的离奇效果。一面是仿佛看到这个庄稼的成长,另一面却又看到体力上的真正衰老,自然的限制和人为的挫折,都若无可奈何的在默然中接受。这在个人生命本身,也是一种奇异的存在。

我从一条顶小顶小的路走上山顶去,路即沿着崖边,泥土和蘸了油一样滋润,新拔的苦藤沿路摊着。一到顶上,即有天地悠悠感。表面上,我和同住的都如有点陌生,少接触,事实上生命却正和他们的行为在做紧密的契合,而寻觅那个触机而发的创造的机。给我一点时间,在我生命中投一点资,这点天地悠悠感就会变成一份庄稼而成长,而成熟。但是这个看来似乎荒谬十分的设想,谁能理解,能相信?世界在动中,一切存在皆在动中,人的机心和种种由于隔离,生分,相争相左,得失积累,在长长时间中,在不同情感愿望中而生长存在,彼此俨若无关而又彼此密切联系,相激相宕形成的不同发展,到明天是和风甘雨有助于这个庄稼的成长,还是迅雷烈风,只做成摧残和萎悴?没有人可以前知。我常说人生可悯处,也即在此。人太脆弱渺小。体力比较回复时,我理会得到,新的人事印象的复合,我还能组织起来,成为一些有历史意义和时代价值的成品。因为文字的节秦感和时代的脉搏有个一致性,我意识得到。如果过去的工作,曾经得到一定的成就,这新的工作,必然还可望更加成熟,而具有一定深度,且不会失去普遍性。为的是生命因种种内外变迁,已达到了一个成熟点上。特别是一种哀悯感,从文学史上看过去的人成就,总是和它形成一种动人的结合。由屈原司马迁到杜甫曹雪芹,到鲁迅,情形相异而又同,同是对人生有了理会,对生存有了理会。但是到身心衰弱时,三姊,什么都说不上了,只有一点,即脆弱。只不过如一个小火,一吹即熄。我已尽了极大努力来把工作能力和信心恢复,要它和人民历史发展结合。总要尽能力所及做去。我爱国家!我要把工作和国家明天结合起来!我已深深明白工作应当是什么,而能做到什么。也得承认自然的限制,体力用到某一程度下的必然结果。

我到这里什么都是学习。从看牛的学,村农会中学,从极琐琐生活生计里学理解他们,也从他们新的觉醒意识理解,但是,从表面看,我只是一个不管部的属员而已。

在这里看到十一月某一天报纸,有陈波儿追悼会消息。使我记起在吴淞时见她穿着一件长绸曳地袍子上课神气,在北京从没见到,廿多年了,印象还极新。可惜。

川南内江县四区烈士乡寄

内江
（一九五一年十一月二十九日）

天气明朗了一会会，又被灰云罩住，阴阴郁郁的，不怎么冷。开了整天的会，吃过饭，从泥滑滑小路大伙儿都到了场上，从孤立村子转到龙街子似的大村中。我一来即和三个同志坐在一个旧戏台上，村子里陆续有人民代表来到，在下面集中，有背孩子的，挑烧柴的，挑红苕的，还有扛了一个老柳树根来的。三四天大会中，多各自携带吃、喝、烧的来，有的还挟了一大捆稻草，当做卧具。我们住戏台上，一切如卅年前所见戏台，也是在稻草里睡。街上橘子八百一斤。小面馆照例有卤得黄黄的猪头肉、猪耳朵和尾巴，等待主顾下酒。面五百文一碗，一口气可吃四到六碗，作料可相当多，面特别细。点的是满堂红油灯。卖面的娘子，在摊子旁包饺饵，头包白布，小小的，十分善良，一切和四十年前所见一样。

北来的人正在为明天会场做布置，点的还是油蜡烛。戏台建筑还是穹窿顶，在建筑术上是古典的，涂金雕花都相当讲究，特别是设计，很像个样子，比一般新式舞台合乎观众要求。天已黑，满院子有人声，都在参与历史中一件大事，也创造新的历史，但是谈的却是秋征捐献和大会种种。人都活在历史中。我这时即在牛油烛前，人人都为明日的大会而忙着。身边是各个村子中的男女贫农代表走动。随后即分组到贫农住处去（下用稻草，上用谷簟铺好，纵横住了两百人），十六个大组，漫谈生世，从八岁起说下去，各组完毕，已到十一点。再一汇报，已十二点，就蜷在戏台后楼上一角稻草堆中睡去。半夜中听打更锣，情境特别。到五更，各处有鸡叫。天未明楼下说话声音喁喁咻咻，低而沉。天明后，听到磨坊打筛声音，可以知道这个小小村镇已在动中。街口铁匠铺的炉火,也一定已有熊熊火光扬起,且有叮叮当当响声。今天赶场,七百人口的场中忽然增加到三千人上下,可知日用物品的交换,必然相当热闹。八点左右街上场面已展开,官药铺柜台抹得干干净净,卖肉的占了街上主要地位,一大块大块肉挂在黄铜钩子上,打扫得白濛濛的,等待主顾。清油价到六千(有的竟要八千),肉价不过三千,有的卖二千八,所以肥猪肉是乡下人主要兴趣。但能吃的人还是比较少数人。这几天正值下甘蔗熬糖时,有劳动力的收入都增加,且值秋收,秋征,交换物资也比较频繁。场子上也还有人用破洋瓷脸盆,装了五寸长大鲫鱼,上盖菜叶,搁在街边屋檐下出卖。也有卖兔子卤肉的。有卖霉豆豉的。有抱了绿头公鸭(和抱孩子一样,用布包着)上场出售的。有挑了豆壳一大担,在街上撞撞磕磕的。杂货铺的老板,屠户老板,面馆老板,大都如大匠琢轮,不慌不忙的,知道有生意待做。生意特别好,桌面案板特别整齐丰富的,应让街头街尾的饭铺。白米饭已上蒸笼,鸡鱼肉菜都收拾得很好,葱蒜辣椒也准备得十分齐全。地下照例湿滑滑的,因为有卅里内外泥浆带来。

天气转晴,一切都明明朗朗的。看看这里街子,和呈贡街子,和卅年前各种各式街子,使我对中国农村的市集有种奇异的情感,因为极可能从这个情况中可以看出古代村市的情形。大都市在变,小村市如果生产物资交换方式不怎么变,则千年前的村市和当前村市,大体是相同的。也由此可以体会到写古代农村比古典都市容易把握问题。

头总是不大好,心脏影响或由之而来。上坡不好受。吃的已够好,萝卜青菜还有油,但是终日把饭吞下去,加上辣子酱,已起始有些难于消化。有时一吃过即得上路,年轻少壮不在乎,我有些当不住。体力受了限制,无可如何。但是要支持下去。

树叶还未尽落。山上各处是绿的。每个山坳上总有个水塘,水极清冽,有卷耳莲生长得极好。竹子在山上生长,都似乎不是为致用而是为装饰效果的。

农村在动中,自然景物那么静,我置身其间,由此动静总似乎在孕育一种东西，只要有时间，即可生长成熟。

这次到乡下来，最得用是棉衣和虎虎的一支笔。衣服很合式。笔可以写极细笔记，且不必为墨水担心。同来的看到这支针尖似的笔都发生兴趣，因为没有一个人的这么细的。虎虎这支笔真有用。我只担心这种信如受水潮湿，会影响到信里。

下五时

内江
（一九五一年十二月末）

叔文：

　　看十二月廿二报纸，说寒流到了华北，我正估想北京受它影响后的情形，不意这种寒潮也波及了这里，手足已发木，人人都嚷冷。严重的是若干区域甘蔗尚未收获，一上冻，梢端冻坏明年做种即不得用，要影响到农产、糖业、税收、经济作物农贷，以至于国内若干区域的白糖分配量。不是小事！记得以瑛曾说："参加过土改，此后一落雨必想到农村。"我们当时若理解，其实不能有较深理解。必到了农村，必熟悉雨量对于农作物关系，必更多些明白农作物对于农民生产如何有关，才会从天晴落雨中念念到农村！甘蔗生产最严重问题即冰雪和六月旱，所以这几天的寒潮和明春荒旱，是领导上忧心的。希望不要大冻，久冻。为的是生产忙不过来。土地改革正在全面展开，每个村子中农民男女老幼都为斗争卷入一种不易描写行动中时候，是土地革命最紧张一阶段时，天气要好一点，一切工作也便利得多！这里已将北来信报日子测定，同是八天可以到达，是从西安过广元转成都的。成都离此二百里，信件得两天，现时有汽车，明年可乘火车。

　　上次来信说请萧离寄《光明日报》文章[1]，如不曾寄，望要龙龙（电告他一下）去买一份早日寄来，我有用处。你说"要全心全意为人民服务"，我在这里只能说事事在学习，向每个工作同志，向本地干部和村干，充满了情感去理解，从工作进展中，并向在教育启发中逐渐生长壮大的农民学习，学从本质上及变化上来理解认识，更主要还是从

---

[1] 指作者1951年11月11日发表于《光明日报》的检讨性文章《我的学习》。

这种种来明白"从群众来到群众去"的工作方法。我不是说过在工作中给人印象，易如一个"自由主义"者对事的不关心吗，事实上这里接触到的大小事情，我却用得是一种严肃到极点的态度来理解，来认识。因为比任何文件书本对于我教育意义都深远得多！我且明白，这次工作，对于每个北来同志，都有终生影响，但一和农村离开时，即必然也和这里的将来荣枯失去联系。我倒稍稍不同，至少有一年工作要和这片土地这些人民的发展分不开。

这几天村子中正在斗争一个大地主，由全村农民把一二十年前一二斤甘蔗或相似小事，到拉壮丁家小死亡大事，一个一个的申诉，特别是老婆婆对于乡保长兼地主的申诉，事越琐碎越使人起严肃感。因为这即是阶级斗争和农民革命。封建的彻底消灭，新国家基础的建立，都由之而来。也只有从这个严肃而残酷的斗争发展中，来读毛选之《实践论》和日来北京方面文艺工作者检讨文件，才更深一层明白个人提高学习政治认识的重要，以及文艺服从国家要求的重要性。萧离或其他说的，不要为收集材料而学，他人可能有这个打算，未免不大明白我学习的意义！因为从实践学习中最重要收获，是每一种现象都可证明领导上文件的重要性，特别是农民受阶级性限制，易发生的倾向，处处可证明土改只是为工业化打下个基础，即工业品市场基础，国家政治基础以外的经济基础。更重要还是工人阶级的人生观和无产阶级的思想，来领导国家向前，中国才真正站得起来，向社会主义共产主义前进，对世界和平才会有更大贡献！这些文件上常提及的话，你在城市中来读，还是不如在乡村工作实践后读来意味深长！

这次土改废名也参加，是在中南区，可能到湘西。在中山公园音乐堂我见到他时，他说要写小说，大致会实现计划的。上四川的熟人中有杨起和王珉源、李一平，都过了川东。我们这里一队，文教中占百分之六七十（中学语文教师比较多），人民艺术戏院也来了不少人，布景、道具、灯光，无不有人，且有演员，有作曲家，只差一个写戏的。也许这种人即在工作同志中，我们并不知道！也许得由我来写，近一月来许许多多事情都比所见到戏文感动人，而且有几多惊人场面，从这个背景中看来，才格外生动！一切太严肃了，正如临来时柴才民在音乐堂报告说是"战争"，如一一说来，由虎虎记下，记到某些段落时，虎虎也会捏一把汗的。仅就一小小村子已有那么多事件发生，那么多问题待处分，想想同时在进行的，是万万人民广大区域，用同一方式进行工作，有万千种斗争，有万千死亡与毁灭，也同时培养了万千新生种子，你就明白，身临其境的工作者，如不感到时代历史的严肃，倒怕是不大可能的！即因此，我不是消极感伤，心脏却有时不易支持。你说"为人民服务"是比较抽象的说，正如我过去和他们谈写作，真的如何教会一个人用笔，可并不简单！在这里，服务是多方的。如战争，集体分工，各有所司，号兵和机关枪手工作性质就全不相同！在这里做我们小饭团的炊事员的，是个村妇女部长，不识字，一天忙于做饭，从工作表面言，不如在斗争会中一妇女小组长，但如从服务另一意义言，可就作用大！在这里工作中，把服务也从各个不同需要上配合去看的。有些朋友完成任务是在这里和土改时间一致的，即是说土改一完任务也结束，我的任务完成，大致却要在回到北京以后三个月或半年。它的一切影响我处，却是终生。把这一回认识和过去卅年来从农村中得来的印象、知识（特别是老农和青年的）结合起来，实在有重要意义，如有机会能完成拟想的十城记中几个故事，会达到一个新水准的。

从文

内江

(一九五二年一月十五日)

叔文:

我又把《老同志》抄一次,是第七回。毛地黄素已用完。夜里醒个十来次,心跳得自己也听得出,大不好受,但是不要紧。村子里什么都没有。出糖的区域,糖也没有。桌上只一罐烧酒,是我们团长的,一喝下恐就完事。记得在场上时,还看见有江米酒卖的,只二千一斤,预备些些晚上会就好多了。因为我们到龙街子时,记得吃它可得到睡眠的。从北京带来的蒜瓣也完了。只计算着,天一凉爬起来会好多了。其实还是病。你可把文章看看,如觉得还好,就给什么刊物发表,让丁玲处理也成。如要改,请他们改。毛病可能还是"太细"。但如果翻作英文,照例要细到这个样子,才够小说条件的。十分中有八分是写实(十分九分),特别是那猫儿的关系,工作神气,以及当事演说后大家的情形。这么一改,可能主题移到"知分改造"问题上去了。其中还恰好是反浪费,应节令。将来如有时间,其实一礼拜写一篇五千字左右短的,写国家各方面的有生长性的新人,用各种不同方法来表现,大致写一年,五十个事件中,会有一半以上得到成功,对于某部分人有点教育效果的。但先得可以自由走动,到农场,到工厂,到部队,到伤兵医院或被服厂,各处去看,去学,去挑人,比挑劳模又稍稍不同,才有可能全面些。因为比如说写伤兵医院,一面写伤兵,但是另一面也就得写看护,很可能还要专从看护写,来反映伤兵。学校中青年团员也可写,写品质,写他们对于一件事一个问题的处理接受过程,会写即可发生良好教育作用,比论文有普遍性。比讨论报告有长久性。过几天如好一点,我要试来写个干部,写个农村老大娘。从性格上写,可以突出纸上,动人,逼真。写抗美援朝,从人写⋯⋯

我希望还可以有机会把《雪晴》写完,因为这次到的地方自然背景虽不如高岘,乡村配置和地主家庭与农民矛盾斗争,也不如满家情形鲜明激烈,但从糖房剥削上,认识了些地主通性,特别是乡村地主的通性,对于这个未完成的作品,极有帮助。因为一发展,就可把问题把握,修正前五节立场不妥处的。满家事写来一定成功,即平铺直叙不加修整,也是一个最具斗争性故事。依稀记得似乎一共有五节,可能是存在真一处的。如照过去那么写,必成屠格涅夫式《猎人日记》风格。扭转来写,会不同些。但浓厚的散文诗和自然景物结合部分,可能还得保留。正如《静静的顿河》,有些地方也还是要景物的。我个人意见且认为将来写生产,一定得将自然景物织入到事件中,不然看不出区域性。尽写人事不加背景,传递效果有问题,因读者将从自己所在区域自然背景来补充,可能全不对头。比如写四川乡村,不将自然背景写出,别的地方人难有正确印象。过去只知道语言中有方言方音,以为用点心即可将区域性显出。其实不济事,还要背景!写工厂,背景表现也比专门术语重要。背景和事件有不可分割的联系,因为形成空气。正如纳鞋底,是农村妇女日常工作,有些是剩余劳动力的通常耗费方式,有些又不。同是一件工作,中老胡同石妈作的,和我们苗乡作的,以及这里庄院作的,气氛就大不相同。同是在这里,斗争会上妇女作的,和我们院子里四五个妇女在院中一角作的,又完全不同。这里院子中大白天太阳下几个妇女纳鞋底,还完全和静的农村气氛一致,孩子睡在竹摇篮里,放在身旁不断的摇。斗争会上妇女,一面背着个孩子摇荡,一面一针一针戳,到某一时,却会忽然走过去吧的打了地主一鞋底——情形相差太远了。如只会说纳鞋底,看不出形象的。乡村之所以为乡村,当前和过去又如何不同,当前即如说斗争,斗争对象不同,时间地点条件不同,形成的空气又如何与其他不同,一个作者如缺少理解,是不可能明确生动加以表现的。这也说明一点,即当前写短篇以农村作对象,表现上显得枯燥的根本原因是什么？大都是这个基本知识不充分。不会写实源于不好好的学，从人民群众学。把人孤立起来看，不知注意那个人是活到什么环境或背景里，写人难生动鲜明，是必然结果，即努力亦只会有一点收成也。人不能离开环境，知道注意这一点，学习写作文，作文也大不相同了。

  永玉[①]到了没有？如他来，不知可作了多少好木刻。

二哥

[①] 永玉，黄永玉，作者的表侄，正准备搬到北京工作。

内江

(一九五二年一月二十五日)

叔文、龙、虎：

　　这里工作队同人都因事出去了，我成了个"留守"，半夜中一面板壁后是个老妇人骂她的肺病痰咳丈夫，和廿多岁孩子，三句话中必夹入一句侯家兄弟常用话①，声音且十分高亢，越骂越精神。板壁另一面，又是一个患痰喘的少壮，长夜哮喘。在两夹攻情势中，为了珍重这种难得的教育，我自然不用睡了。古人说挑灯夜读，不意到这里我还有这种福气。看了会新书，情调和目力可不济事。正好月前在这里糖房外垃圾堆中翻出一本《史记》列传选本，就把它放老式油灯下反复来看，度过这种长夜。看过了李广、窦婴、卫青、霍去病、司马相如诸传，不知不觉间，竟仿佛如同回到了二千年前社会气氛中，和作者时代生活情况中，以及用笔情感中。记起三十三四年前，也是年底大雪时，到麻阳一个张姓地主家住时，也有过一回相同经验。用桐油灯看列国志，那个人家主人早不存在了，房子也烧掉多年了，可是家中种种和那次做客的印象，竟异常清晰明朗的重现到这时记忆中，并鼠啮木器声也如回复到生命里来。换言之，就是寂寞能生长东西，常是不可思议的！中国历史一部分，属于情绪一部分的发展史，如从历史人物作较深入分析，我们会明白，它的成长大多就是和寂寞分不开的。东方思想的唯心倾向和有情也分割不开！这种"有情"和"事功"有时合而为一，居多却相对存在，形成一种矛盾的对峙。对人生"有情"，就常和在社会中"事功"相背斥，易顾此失彼。管晏为事

---

① 侯家兄弟常用话，作者在云南龙街时的四川邻居三个孩子，日常用语充满了骂街的词。

功，屈贾则为有情。因之有情也常是"无能"。现在说，且不免为"无知"！说来似奇怪，可并不奇怪！忽略了这个历史现实，另有所解释，解释得即圆到周至，依然非本来。必肯定不同，再求所以同，才会有结果！过去我受《史记》影响深，先还是以为从文笔方面，从所叙人物方法方面，有启发，现在才明白主要还是作者本身种种影响多。《史记》列传中写人，着笔不多，二千年来还如一幅幅肖像画，个性鲜明，神情逼真。重要处且常是三言两语即交代清楚毫不黏滞，而得到准确生动效果，所谓大手笔是也。《史记》这种长处，从来都以为近于奇迹，不可学，不可解。试为分析一下，也还是可作分别看待，诸书诸表属事功，诸传诸记则近于有情。事功为可学，有情则难知！中国史官有一属于事功条件，即作史原则下笔要有分寸，必胸有成竹方能取舍，且得有一忠于封建制度中心思想，方有准则。《史记》作者掌握材料多，六国以来杂传记又特别重性格表现，西汉人行文习惯又不甚受文体文法拘束。特别重要，还是作者对于人，对于事，对于问题，对于社会，所抱有态度，对于史所具态度，都是既有一个传统史家抱负，又有时代作家见解的。这种态度的形成，却本于这个人一生从各方面得来的教育总量有关。换言之，作者生命是有分量的，是成熟的。这分量或成熟，又都是和痛苦忧患相关，不仅仅是积学而来的！年表诸书说是事功，可因掌握材料而完成。列传却需要作者生命中一些特别东西。我们说得粗些，即必由痛苦方能成熟积聚的情——这个情即深入的体会，深至的爱，以及透过事功以上的理解与认识。因之用三五百字写一个人，反映的却是作者和传中人两种人格的契合与统一。不拘写的是帝王将相还是愚夫愚妇，情形却相同。近年来，常常有人说向优秀传统学习，这种话有时是教授专家说的，有时又是政治上领导人说的。由政治人说来，极容易转成公式化。良好效果得不到，却得到一个不求甚解的口头禅。因为说的既不甚明白优秀伟大传统为何事，应当如何学，则说来说去无结果，可想而知。到说的不过是说说即已了事，求将优秀传统的有情部分和新社会的事功结合，自然就更不可能了。这也就是近年来初中之语文教科书不选浅明古典叙事写人文章，倒只常常把无多用处文笔又极芜杂的白话文充填课内原因。编书人只是主观加上个缴卷意识成为中心思想，对于工作既少全面理解，对于文学更不甚乐意多学多知多注意。全中国的教师和学生，就只有如此学如此教下［去］了。真的补救从何做起。即凡提出向优秀传统学习的，肯切切实实的多学习学习，更深刻广泛理解这个传统长处和弱点。必两面（或全面）理解名词的内容，和形成这种内容的本质是什么，再来决定如何取舍，就不至于如当前情形了。近来人总不会写人叙事，用许多文字，却写不出人的特点，写不出性情，叙事事不清楚。如仅仅用一些时文做范本，近二三年学生的文卷已可看出弱点，作议论，易头头是道，其实是抄袭教条少新意深知。作叙述，简直看不出一点真正情感。笔都呆呆的，极不自然。有些文章竟如只是写来专供有相似经验的人看，完全不是为真正多数读的。

内江

（一九五二年二月二日）

叔文和龙虎：

我们工作进入土改过程中高潮，我的学习也转入极严肃的一段。今天二月初二，照日程作"典型没收"。刚好雨后新晴，山地里庄稼都和新洗过一样，绿得新鲜出奇。深褐色土也显得格外滋润。田坎路边旁种的蚕豆，紫色花和一串串蝴蝶一样，贴在豆梗间。全村子人由一个年廿一岁农会主任带头（样子和一个南美洲虎一样硕大，身壮，厚实实的），一面横招，五六面胭脂红三角形纸旗（村中女组长掌旗），随后是儿童团，搬运、点验等等四组工作人员，由全乡农民组成，在弯弯曲曲田坎上拉长了约半里路，随同锣鼓走到商定了的第一户大地主家，去进行没收工作。那人家家长，即是十多天前在堡子下解决了的。是住在一个破糖房里，到时武装部队已先到，地主家中人大小十多口都跪在屋前菜园地里，农会主任到时，即先从地主家中一人手里接过家产清单，于是进行工作，将一切家财盘出，坛子、罐子、箩筐、菜篮……因经过一次退押减租复查，所有东东西西不是没收就是掉换，所以有上千石租、两个糖房、十多支枪的大地主，家私搬出时不免全是破烂，竟不大像是中农所应有，穿得更是破败。这一家大小只是搬，站在旁边的本村农民，即用各式各样的侯家三兄弟话语督促，到把东东西西全部移出，屋中已经只是遍地稻草。打了一些耗子，小孩子即剥了皮用草吊着，舍不得放手。还有许多人反复去屋瓦壁柱间寻觅发现。于是一一点交，办法是先收后留，全部没收后，留下些破箩箩破衣服。凡事完毕，东西陆续就搬走了，又到这家另外一所房子去清理。直到下午三点才听到锣鼓声从我们住处门外田道边过去，可知搬运点收工作才完毕。一切正象征旧时代结束，新社会开始，光景十分严肃。试看看每个农民的神气，都是兴奋喜悦，更令人感到历史严肃意义。因为人民全体行动都卷入在这个历史行进中。但是到黄昏前走出院子去望望，丘陵地庄稼都沉静异常，卢因寺城堡在微阳光影中更加沉静得离奇，我知道，日里事又成为过去了。在一切人的生活中，一过去即没有多少意义，历史向前推移了。这种种却唯一尚活在我的生命中，留在我的生命中，形成一种奇异的存在。

这时夜已深静。村子中人大都已经睡去，明天将有更兴奋的事件，教育这村子里农民兄弟，成为他们翻身教育历史中一个大环节。全院中惟几个通讯员在另外一个屋子里唱歌，用三棒鼓腔唱下去，和挽歌声相近。正如为地主阶级而唱。我们这个工作区域，不过三千人左右，但是同时却有五千万人区域，在用同一方式进行这种工作，共同将旧时代宣告结束，而促成新时代开始。孩子们，你们应分明白时代的伟大，也十分严肃，才合道理。因为必须明白它的极端严肃性，你们此后的学习，此后的工作，此后的生活，也才能好好的和国家需要、国家发展紧密结合起来。从土改学习，令人最深刻感到的即是这点严肃。极可惋惜的是我参加的时间过晚，如去年从京郊土改起始，即一直参加，北中国的，太湖区出米和丝茧的，洞庭湖区的，江西广西及湘黔苗夷区的，我如能够在不同区域不同问题上，来进行这种历史学习，特别是看到党的领导方法，这结果，一定还有意义多多。对本人，对国家，都有意义多多！因为说对人民革命认识，对毛泽东思想学习，对中国共产党领导，特别是文艺为什么，和土改政策的重要……和其他理解，用这种学习作为基础，才可以从种种实际印证中，真正体会到一点时代或历史的变动和发展，生命也才会有一点点分量，工作可望切实得多。

大舅舅有信来，在重庆，他大约十五可从西南革大毕业，毕业后即得回贵阳。也想参加土改，我劝他参加。闻三舅舅已去广西，搞音乐，其实还得到更多边区去，从人民学得多一些，才有伟大东西产生。特别是不能仅仅从那个区域的音乐直接学习取法，还应分知道从那个区域的人民生活、自然背景，以及各方面能摄取东西，作为创作的源泉、动力，汇集一切人事的变动，生长斗争中的矛盾，本身的不同印象，具有种种认识，才会有真正丰富人民情感的作品。最重要的恐怕还是对于这种种有情感。这倒真正是不容易从学习而得来的一种东西！这竟不大像是可以学来的。一部分充满了生活经验、工作斗争锻炼，以及写作愿望的作家，写来写去总得不到什么特别成就，问题即在这里。对人，对事，对背景种种同异存在，对季候影响，都无感情。更大弱点是对文字性能、效率，也无情。学来学去总不知道什么是必要的，什么是不发生意义的。对各种学识都无情，一律以一种极端片面无知的成见，拒斥这种知识的获得，把自己束缚到一种狭隘范围中——一种极不宜于写作的状况中，一种思想僵固的机械事务经验中，从事写作或从事文艺领导，当然都无望有何成就，更易妨碍其他方面成就。因为没有情感，即斗争知识再丰富，也无从反映到文字组织中成为作品。

  对一切有情，也不是天生的，或可笼统称作所谓小资气氛。希腊几个大师也好，文艺复兴几个大师也好，十九世纪几个大师也好，即马克思、列宁、高尔基、鲁迅一齐在内，博学多通实为这些人共通长处，对一切有情，也即由之而来。对知识的可惊的广博兴味，可惊的消化力，可惊的深入融化，形成他对之综合拒斥，并新的创造。我们目下有些人，都说学马列鲁迅高尔基，却有一种对于知识恐怖和拒斥的现实精神浸润，而只说从一个极丰富生动的时代中学习，即可产生艺术。不大明白这个丰富生动伟大时代，要求反映于石头、颜色和音乐文字上，形成伟大强烈效果，总还得通过作者的手和心（一般所谓心），必作者生命充沛情感洋溢和手中工具结合得极紧密，方有可能重现于种种器材上，形成所应有效果。目下训练作家，不从这一点出发着手，如只徒然说思想改造，是得不到要领的。因为明明白白，即有许许多多人，目前不是思想不好，也不是斗争经验不丰富，出版机构又掌握在手中，但是什么都做不出，其实言来，即不肯实事求是虚心学习的自然结果！虎虎文章若想要写得像样些，还应当多读些书。你们书还是读得太少了，不是太多，要多读些好书……有千百种好书都得读！

内江

（一九五二年二月九日）

叔文：

　　一切都在计划中而动。工作队同人，即从农民代表中种种矛盾里，寻觅、发现，将田土数字提高，从各个分子和彼此之间的思想斗争发展中，进行第一步的自报公议查田办法，准备下礼拜的分田工作基础。工作已入高潮期，全个院子楼上楼下，各处是争辩，各处是质问和责难。直实一点说来，即"个体利益"和"群众平均思想"在战斗。和斗争地主有截然不同的情绪，而比之且更见出不同"激烈"，因取舍间可充分看出农民性的特点，也形成农民型的意识形态。如没有参加这个工作，单纯从文件上学习，由农民调查报告到最近土改文章，可以说，全是看不懂，懂得也极不具体的！《实践论》知识三步骤为：相信——情感的，承认——理性的，实证——身预其事。三者合一，方为对于某一问题具有知识或认识。关于土改的意义，和它在明天将来发展中，对于国家所做成的历史重要意义，要理解它，的确是只有身预其事，才可说稍有理解的。这段工作一过，再过一礼拜左右，我们可能就得和这个村子、这一群人民离开了。照一般工作同志工作说来，时间已不为不多，不为不深入。比萧乾上次到湖南十倍多日子。若照我对于这工作和将来工作意义说来，和一切人事还未免接触得太粗浅。想就这回工作提出些问题，表现些问题，解释些问题，处理些问题，都还不够，需要更长些时间和更深入细致些，和这个在发展在生长的群众接近，才有可能把工作搞好！我们住呈贡乡下八年，虽在生活上和当地人近于完全打成一片，但是却如在一种不相关的自然状况下共同存在，彼此之间的荣枯哀乐，是不相通的，是在完全游离情形中过日子下去。虽前后将近八年，还不如这次三个月里相互熟习。在这里三个月，差不多每一次集会，每一个段落的工作，影响到村子中人是什么情形，都有反应，又都要从这个群众意见反映中来布置下一回工作的。下小组的同志，且必须知道每一个人的问题，真不是简单的事情！我还应当综合知道许多人许多事，可是时间还是太短了。真的说知识，还要从一些新的学习上来注意，来补充。这三个月时间，只能说是初一步学习把自己稍稍稳住罢了。也是从这种学习中，才深一层明白文艺座谈所提"普及"和"面向工农兵"、"为工农兵"的重要性。我们有将近四万万人民，生活情况和知识水准，大致都还是和这里村子中的各阶层农民相差不多。特别是青年农民，都是从土改起始，在国家有计划教育下生长培育的，他们的当前和明天，显然是要影响到国家向前发展方式，和对于世界共同幸福的！一面是问题那么重要，一面是如何产生有教育意义的文学作品，还如此少，领导教育还处处在摸索中，我倒觉得有义务待尽，即来写几年在各方面生长的东西，而在工作中，且永远是从理解这个生长的东西，如何来重现的问题着手。实际上也是在工作过程中，我是个可有可无的工作人员，但如何认识问题，从一般性问题上抽出典型的人和事，好好的重现他，才真正对于国家有意义，而对于个人改造为必需！

今天已九号，得见一月廿八来信。我信写得稍长，因为除做工作笔录，不另记日记，这些信正可以见出在工作过程中一些印象，一些影响。这次到乡镇上开会已四天，今天下午才从场上返回村子里，这一礼拜是最多事的一阶段，大致已不能再写信。在这里有四份报可看，重庆的《新华日报》和泸州《川南日报》，都常先把北京三反消息和重大事件转载，所以知道的大事件还多。回京时，大致还可在内江、重庆、武汉看到三反中一些重要举动。这种事，是有极重要良好作用的，可说在历史上也是伟大空前的，特别是知道国内各方面的情形时，更会觉得国家这种措施，值得永远拥护。

济南

（一九五六年十月八日）

兆和三毛姊：

  我们上车时幸有余庠同去，不至于为行李弄得拖拖沓沓。车厢黄黄的，一排共五人，分两段。座位不怎么挤，更难得的是没有人吸烟，也少有人"放炮"。八日上午二时到德州，车停下来不再动，本应当六点到济南，挨到十一点左右才到。路上虽多挨了时间，可是由德州到济南一路天清气肃，可看到大清早庄稼地爬梳得整齐如画，许多人在田间用牛耙土，实在动人。过黄河也看得十分清楚，真是幸运！

  十一点到山东博物馆办事处，住在一座小楼上，窗子外是一座教会楼房，院子中树木萧疏。我们很像两个新来的修道士到了一个修道院，十分像！打量住五天再过南京。

  中午到文管处拜访一张老先生。后来到一第几合作食堂吃饭，清清爽爽的。又到"人民公园"，虽然也有许多人围在一些年轻猴子住的笼子边，彼此互看，也有人推小娃车在树下，也有搞对象的在树下默默的排队散步，也有芍药花坛，就只是地方太小，容纳到三千人民时，大致就应当叫做饺子公园了。

  济南给从北京来人印象极深的是清静。街道又干净，又清静。人极少，公共汽车从不满座，在街中心散步似的慢慢走着，十分从容。房子似乎都经过日本人改造过，低矬矬的看不出旧风味。小小的，一排排，都用红砖砌成，许多房子都应当名之曰"小洋房"，住的却大都是中国人。在这种房子堆堆里，却有几座建筑格外显眼，一是电影院，似乎极力求人承认是"民族形式"，我们还是不承认。因为用红砖，形状和护国寺劳动剧场差不多，却大过一倍，前面有大红柱子四根，大致连建筑师也不大明白这柱子会红到这种不调和程度，是为什么！其次是山东剧院，前面如一大牌楼，威严堂皇，后面却如这么一个大圆棚，作深灰色，大致也是出于建筑师意外不好看！第三是一个绿琉璃瓦顶庞大建筑群，有许多房子，前边还有大照壁一，高桅二，后楼一座则仿佛宋人画的仙山楼阁。四围长墙又高又结实，路是石板路，这才真是民族形式！就是博物馆现在地址。外表令人满意。这房子谁也猜不出是谁做的，为谁做的。问问才知原来是卍字总会机构，廿世纪道教的回光返照最后一座建筑！照过去一个熟人说来，他们的祖师是专说笑话的济公，信徒每日必默祷，默祷对象却是熊希龄。真正是谁也意想不到的事情，和搞近代史的人说，人还不相信的。

济南住家才真像住家，和苏州差不多，静得很。如这么做事，大致一天可敌两天。有些人家门里边花木青青的，干净得无一点尘土，墙边都长了莓苔，可以从这里知道许多人生活一定相当静寂，不大受社会变化的风暴摇撼。但是一个能思索的人，极显然这种环境是有助于思索的。它是能帮助人消化一切有益的精神营养，而使一个人生命更有光辉的。

现在已黄昏了，窗外树影逐渐模糊，对窗那座灰洋楼静静的，只有二三处小窗口灯光照亮，更加见得幽静。照理这里望到的应当是一些年轻白帽黑袍的女尼，或白衣白帽的女护士，总之，看到这些人从对面楼下走出，在院中幽幽的说点什么，窗中的一位充满了抑制不住的热爱，却抑制下来，是常情，是常态。如在此时此地，什么也没有见到，只能听到远处有不好听刺耳音乐连续……你说怎么办？没办法，听下去！不过最好还是听听别的音乐或女尼对话。天色虽黯下来，还有一片明蓝。月影子从疏疏树叶中透过，真是好情境。如有一点钟声代替音乐，我就更像修道士。

已经起始觉得累透一身了。我们只有如年轻修道士一样，看够了这一切时，躺下睡去。明天一早将去拜会几个老先生请教。大致住四五天就去南京。天气真美。凡事放心!

从文
十月八日下七时

济南

（一九五六年十月十日）

兆三姊：

　　今天在风雨中上了山，不知什么山，只是慢慢的上到高台地罢了。到处是新建筑工程在进行。我们到了新师范学院，四个助教陪我们看了文物室两点钟。在风雨中回到趵突泉吃中饭。饭后二点起始看"山东博物馆"，在十来间大小房子中绕来绕去，经过三点半钟，才离开。看了许多也听了许多，还准备明天再看。如机会许可，后天再看库房。直到如今，还不曾玩"大明湖"找白妞黑妞说书处拜访一番！看情形，大明湖只修庙，不说书。还是得看看。其实带点三秋衰落光景作诗本不妨说说，但不作兴说，什么好诗也没有了，只有让一块红布做标语牌牌招展于码头边，代替一切。回到住处时已六点，才知道累到一个程度。楼下正有音乐齐鸣。附近医学校许多学生刚散学，许多着白衣的女孩子，快快乐乐的当真一队一队从我前面走过。记得但丁在什么桥头曾望见一个白衣女郎和她的同伴默默含情的走过，我估想在学校附近，也必然有这种未来诗人或第一流大医生，等着那些年轻女孩子走过，而这些女孩子对于那一位也全不在意。还有另外一种情景。今天上午到师范学院时，正值午课散学，千百学生挤着出门上饭堂，我们在这些年轻人中间直挤来挤去，没有一个人认识，也极有意思。因为即"报上名来"，也还是没有人明白你沈某是谁，做什么事，正和传达门房差不多，望望不相识，一开口即问我是"干什么的"，我说"什么也不干"，他却笑了。必须遇到好事的，才问问"客从何处来"，听说从北京来，也只是怀着一点点好奇神情，望望上下。可能最引起注意的还是我脚下一双学生鞋，证明和他们大伙"是同道"，因为许多人也穿着这么一双布鞋子。如果听说是巴金,大致不到半小时,就传遍了全校。我想还是在他们中挤来挤去好一些,没有人知道我是干什么的,我自己倒知道。如到人都知道我,我大致就快到不知道自己究竟是干什么的了。在年轻学生丛中被推搡着时,我看看面前许多女孩子,都和你在中公时同学差不多,可没有发现什么"小黑猫",但是倒发现了……或证实了另外一件事情,长头发同学当真相当多!无怪乎乡下中学教员,总居多是头发长长的!有些人头发长而上竖,如戴胜一般,绝不是无心形成,还似乎有点时髦味道,大致平时必有什么名教授也这样,相当用功,所以弟子们不知不觉也受了点影响。这里有一种淳朴之风流注,很可爱。我说的是包括了戴胜冠式的头发和其他一切。

我们今天看了《流浪者》,上下两集,分别买票,看完了出门再买票,小孩子一定觉得有趣,因为刚从前门进去,旁门出来,又从前门进去。大人也有些因为反复而感到趣味,不然不会常作冗长报告!院中座位和灯光都还好,比大华像样一些。电影场面和末尾结果有点美国味,主要怕是向美国找主顾,要观众。殴打、跳舞、审判、结局都如美式。又是用刀!印度人相当聪敏,用到电影企业上,不走美国路线,将是奇迹!但无疑会突破这个限制,做出真正印度民族形式电影的。

回来时已九点,约有二里路,一路上全是医学院学生。只听他们谈文学,说小说作品技巧,说了许多,听来真有意思。这些年轻人大致和我们小龙小虎差不多,他如和他们同学也是这样子。我好像是这些人的父亲一样听下去,觉得很有意思,也是一种享受。我想起三十多年前在城头上,穿了件新棉军服看年轻女人情形,我那时多爱那些女人!这些人这时也许都做祖母了,我却记得她们十五六岁时影子,十分清楚。现在这些女学生,我看过几回后,也常常好像对□□有兴趣,只想看她们怎么做爱,怎么斗气,怎么又和好。其中有肥嘟嘟如萧×太太的,有干瘦瘦如姜什么的,有长得极美丽,说广东话,我猜想她一定是学牙医,很愿意将来在什么牙医院再见面时告她,什么什么一天她们在瞎谈文学，我却一个人在瞎想。我一到写什么时，就似乎还和一个廿岁的人一样，想起在青岛小松林中时那一对小毛兔，好像还在等待着我们去看它们。其实那地方或者早已成新住宅区了。尽管成住宅区，那林子中一切我还布置得出。人的记忆和想象真是一种奇怪的东西！试到什么图书馆去看看，属于文学部分的作品，汗牛充栋的作品，差不多全都是"记忆"和"瞎想"结合产生的东西！也许除文学外还能产生别的什么，惟绝对不能产生睡眠，因为一"记忆"和"瞎想"，睡眠就被赶走了。

天气已转晴，相当冷，我的小棉袄已上身。

从文

下十点

济南

(一九五六年十月十二日)

兆和三姊：

 气候晴朗，正是游山玩水的季节，千佛山正值什么庙会，我们还是在博物馆工作。今天我们又看了一天东西。从库房看到陈列，听库房中一同志（上午）和说明组另一女孩子（下午）说明内容。学了许多事事物物，特别是明白地志馆当前问题，房子问题和文物鉴定问题，说明员提高问题。明天这个时节，我们可能正坐在车上，沿着泰山山脚前进。明年如方便，再做登泰山打算。其实倒应当看看青岛一切设施，特别是历史国文教学和实物配备的设施，但是时间不敷用，也只好作为将来看去了。明天下午五点开车，后天上午可到南京，在南京大致得住五天左右。主要是看南博。拟在苏州二三天。上海或可多住几天。正是秋高气爽的季节，可是我们却因为工作，每到一处至多可抽出一天半天看看社会光景。至于工厂等等根本不可能，因为没有特别介绍信件，是不可能看到这些的。上海或许可从某些熟人介绍看看别的东西，真的要看还是待政协视察时方便。不过那是大伙儿走动，也有另外一种好处，可多看。单独走则容易细看。我想明年如可过蒙古看看也有意义，名字似乎远，交通其实近。这次受时间限制，不然向四川走，一定可知道许多！一出门就明白必须多看看各方面的成就，和在进行的工作，待进行的工作，才是道理！

 夜已深，一切静沉沉的，只远远的不知什么地方有鼓声遥遥传来。这些鼓声可能是从一些充满高兴的人手打出，可是在这小楼上听来，却总像是有点隔世之感。窗口恰恰是那一弯新月，鼓声繁密充满一种幼稚单纯情感，很奇怪，越响我似乎越和它离得极远。我想起在四川

151

土改时，曾有个小胖子背了一面鼓，跟着为我扛枪的农会主席身后，我就那么单纯的打着鼓，跟随他们一道去没收地主土地。走了一道田坎又一道田坎，终于到了那个人家前面，才大擂一阵完事。现在鼓声可能是另外一些人正在进行另外一些事情，就他个人说来，不过是打打鼓，就社会发展来说，也正不下于土地没收，是历史上一件大事情！

前几天到一个民众市场时，走了几转走到一些说书处，一共五六处，有的全场子不过坐下十来人，有一部分可能还是相熟人来捧场面的。在台子上有个中年妇女，憔悴面容，穿一件青布长袍，双手舞着在那里说故事，十来位听众就有打哈欠的，但是说书的因为见有外人在听，还更加精神的说下去。台上搁了个小筐箩，一定是到半场时敛钱的。今天又到个"大观园"，和东安市场差不多，纵横许多小街，还有四五个戏院分布在周围，好几十家馆子都干干净净。使我们发生兴趣引起注意的，还是一排五家贩卖出租小人书小铺子，有好几十位大小读者蹲到地下看小书，灯光黄黯黯的也不在意。还有母亲带孩子看的（图书馆主要读者大致也是看这类书的，因此曾另设儿童阅览部）。满墙满架子这种书，都翻得脏脏的，可知已过了多少人的手，许多人的文化知识，是从这些巴掌大连图带字的故事书中得来的！还有些军人在看！才明白火车上为什么每一座前都有一夹一夹的小人书，供乘客随意翻看，原来要它的还不止小孩，很多大人都要看看遣闷散心，很多人还从这书上受教育，取得做人勇气和信心！

我曾试翻翻看这些书，有画得极坏的。有各种不易设想的故事，也有许多旧小说故事。也有科学简说，图多乱乱的，画得不怎么好。英雄模范事情，也有画得还好的。总之，这是最有读者的著作，将来读者还要加多，销数如处置得法，销数不止是一百万，起码应当是五百万。不过写它的人也需要大勇气！因为会写文章的人，如不迁就习惯写法，是得不到成功的！

从文

第七，十二晚　济南广智院小楼上

济南

（一九五六年十月十三日）

三三：

　　早上钢琴声音极好，壮丽而缠绵，平时还少听过。声音从窗口边送来，因此不免依旧带我回到一种非现实的情境中去。总像是对某一些当前所见、所感、所……要向谁嚷叫："不成，不成，这样子下去可不成！"嚷的或许是面前具体事件，或许只是所见到的一种趋势，或许是属于目前业务部分，或许和业务不相干的一点什么。琴声越来越急促，我慢慢的和一九三三年冬天坐了小船到辰河中游时一样，感染到一种不可言说的气氛，或一种别的什么东西。生命似乎在澄清。我真羡慕傅聪，在他手下生命里有多少情感、愿望，都可变成声音，流注到全国年轻人心中，转成另外一种向前的力量！这种转移再也没有比音乐来得更直接、纯粹而便利了！定和不知为什么学了廿年音乐，却放下了这个使用工具的权利，来搞普通地方戏。这算是一种什么打算！他不知一个人一生能作三五个小曲子，就比搞一生戏剧还有作用得多。我总觉得目前"戏"只是一种娱乐，人家注意的是故事，局限性极大。而且一个十分成功的戏，也随时都可为一个极平常的新作所替代，正和一个名演员随时可被个后生小女孩所代替一样。至于一支好曲子，却从不闻因时地不同，而失去它的光彩。假若它真有光彩，就永远不会失去。只有把它的光彩和累代年轻生命结合起来成为一种力量，或者使一切年轻生命在遭受挫折抑压时，还是能够战胜这些挫折抑压，放出年轻生命应有的光辉。总之，它是力量和崇高愿望、纯洁热情一种混合物，它能把这一切混合或综合，成为一种崭新的东西，在青年生命中起良好作用，引起一切创造的冲动，或克服困难的雄心。在老年生命中也可唤回一切童年生命中所具有的新鲜清明。真是个了不起的东西!

记得一九三一这么一个天气,我一个人走到青岛那个(福山路?)高处教堂门前,坐在石阶上看云、看海、看教堂石墙上挂的薜萝,耳听到附近一个什么人家一阵子钢琴声音。那曲子或许只是一个初学琴的女孩子所弹,或许又是个如"部长太太"那么"嗲"的女人弹的,都无关系。重要的是它一和当前情景结合,和我生命结合,我简直完全变了一个人。我只想为人、为国家、为别的什么做点事,我生命中有一种十分"谦虚",又十分"自信"的情绪在生长。它在当时虽若十分抽象,但反映到另外一时却极具体。在学习中和写作中,都会发生极大的影响。也许因此越来越像不现实,或生命中总被"不现实"那一部分支配,生活永远陷于败北状态。可是不妨事,因为"谦虚"和"自信"还依旧存在。谦虚可以推进学习,产生不易设想的一种学习钻研热情,自信却可从一切工作中通过困难,见出工作的成果。也许始终是败北,可是败北的是人事生活上的一面,应当还有另一面和好音乐一样,永远能有光辉的!

我们下午又到馆中去看看。后来听说千佛山有庙会,因此赶到那边去,原来和赶街子一样,有万千人在登高!山路两旁,是各种各样的地摊,还有个马戏团在平坡地进行表演,喇叭嘶嘶懒懒的吹着,声音和卅年前一样!还有玩戏法的,为一件小事磨时间,磨得上百小观众心痒痒的。卖酒的特别多。此外还有卖篮子箩箩等日用品的,可知必有主顾。真正最有主顾的是成串柿子。山路转折处还有好些大篮子的,篮中作扑鼻香,原来是卖烧鸡的,等待主顾登高饮酒吃用,一定也有主顾。只是作诗的怕已极少。路旁还有好些茶座酒座。学生还排队吹号击鼓来玩,一般都有小龙高大,看样子,还很兴奋!马路一直修到山脚边悬崖处,崖上石佛其实都不怎么好看,欣赏的还是万万千千。更多的是从小路爬上悬崖直到山顶,人在高处和小蚂蚁一样。我们因时间迫促,只在崖前下边一点看看游人已够了。只买回一件艺术品,最欣赏的大致只有小蛮父子,费钱五分。

第八,十三早　济南广智院

南京

（一九五六年十月十八日）

白天大街上也静静的，给人印象相当奇怪，主要是街宽行人少。可是和济南静得大不相同。汽车上更容易看出，上车的多有些携带，或是三几个孩子，或是篮子提包，全是家务人样子。孩子坐车比北京不同，一般已成习惯，摇来摇去到了站，下车后大约还得走好一段路。保姆作合肥、江北口音的不少。一般三四十岁的妇人多瘦瘦的，眼小小的，见出血气不足，血气枯竭的样子，手中必提个包包或篮子之类。廿到卅岁女子，面目也多呈营养不足或肺病特征，总像是骨肉发育不平均，肉少骨多，颧骨突出，耳根枯焦，眼目无光，发枯不润。吃东西必有关系。早晚吃的分量虽不少，营养却不多，这是主要原因。有些来自乡下的，脸宽宽的江北型姑娘，到廿四五后一生育孩子，即呈一种初期枯槁相。这现象在济南看不出，南京却明显。我估想和饮食方法种类必有极大关系。妇女多参加重劳动，如拉大板车，惟还未见到拉三轮车。可见求生之不易。

初从北方来的人，最容易得到一种印象，是一般人说话声音都极大，和吵架一样。到处都可听到相吵，其实是说话。不大习惯是在车上，说话声音有时如彼此竞赛。在博物院陈列室，也大小竞赛，真正做到百家争鸣的情形。但如此一来，想要静静的看才理解好处的东西（例如字画），只有在百家争鸣情形下看去。特别不习惯的是一些观众在院外大屋子吃菱角，满地是菱壳！这些学生的教育，或有待改善，也能改善。只是大声的带着争吵情形说话的风气，怕不容易改善，因为似乎是一种风气——习惯，积累多年而成，且十分普遍。

南京的道路十分宽阔平直，道旁树多用法国梧桐，入秋叶子黄黄的，萧萧疏疏，相当好看。只是街道过阔，打扫成为问题。打扫不够，不免灰尘扑扑。大电影［院］门前总是有些糖果纸张或其他壳壳蒂蒂之类。

我们因为忙于谈话看材料，可来不及玩，特别是我，只是把去孙中山陵和明陵等放弃了。

衣洗得干净，托人洗，五分一件。这里盥洗设备比北京大饭店还强，毛房是"洋"式，整整齐齐。只是乳白漆门上拧纽附近多积垢，约一寸左右，我为悄悄的擦了两次，就弄得干干净净，和其他部分差不多了。年轻人都热心工作，可不甚明白爱护自己工作的各种东西。这也是不可免的，因为也得教育。南京和济南三轮车都组织得很好，分段计价，上车即行，不必讨价，到时一算付款。不过济南似比南京贵些，计人算钱，不是计车。因为三轮有单双座不同。南京只双人座，计车论钱，坐一人或两人不问。一般车身多相当新，行动敏捷。另外还有马车，多载运杂货。三轮货车用竹板作架载运货物如北京式三轮货车极少见。或许因为路有高低，竹板三轮不大相宜。或许好处还未为人发现，致未推广。一般由江边搬运入城货物，多用三人拉大板车，前用纤带，后作推式前进。还未见送小儿上学上托儿所之小儿车，还未见送牛奶之板车，还未见如北京那么多各种新式汽车。

街上除新搭过街牌楼，什么大机关商店也搭红彩牌楼，装饰多不大美观，只像是本单位事务员照例办公事而做，因此有些略显敝旧。到处都可见宫灯，以太平天国陈列室而言，上用浅绿麻布，下用国旗红布，另吊些黄色须须，试想想，挂在堂屋中心，能不能叫做好看？我想说它不大好看，比较切合事实。

苏州

（一九五六年十月二十三日）

看了一天陈列，在出土部分看到的东西，才知道不出门眼目之闭塞。许多东东西西过去都是看不见、想不到的。这里的工作同志，即或已把东西挖出来，也还不知道它丰富了文物历史知识多，对南中国文化知识具有何等重大意义！有百十种东西都是极重要的。

昨晚到五弟处和你妈妈高干干等谈笑了一二小时。东西已一一分送。你妈妈是纸一卷糕二盒。别针当时即佩上，两女孩用苏州话说，高兴哉。提篮小五哥说"正想要"，真是来得合时候。不过我们到百货铺时可看到极好看的，只一元多点点！送小五哥为糕二盒，另加苹果四斤。高干干得到手巾时只是谢谢，最好礼物还是大家谈笑，用你和龙虎等为题，用宗和及其他，说得一众（或群众）哈哈大笑。他们都说你最好来住住，我却想住三五天或还有意思，住下去可当不住，地方小极了，见闻窄，报纸还和十六年前相似，一把园子看过，恐和小虎看电影一样，"要回家了"。地方尽管从各方面在努力，繁荣已成故事。因为再不会是二百年前或四十年前情形！地方一般文化程度是相当高的，尽管成千过万小市民，在观前各种小吃铺糖果铺吃、喝、嚼，有些人似乎每天那么办，名分上晚饭只吃稀粥，事实上却到观前来消化其他杂物，文化还是比北京小市民高。学什么总是极快就会，只是无什么可学，不免糟蹋。刺绣业大致还得大大发展。目前说来，食品消费业却比国内一般省会都市大得多！上街去望望，老的、中年的、青年的、小的都有一面走路一面在进行工作事情。到处是小吃店和糖果铺。观前不远另一条街且简直是专卖吃的街道，可是在那里的一切老幼官民人等，大致都长得瘦瘦的，好像饮食不足神气，很怪。许多人是吃瘦了的。我还不能想象这是从什么时候起始的一种历史习惯，总之这习惯已不宜于继续下去，食品业——特别是副食品糖果点心类不必再做展览宣传，因为这对于本市市民健康营养有害无益。正常三餐的改善，倒值得负责方面和其他有心人加以注意。赫鲁晓夫虽称赞中国消夜小吃，认为在半夜会后还可得到一点生活上的享受。如果苏州市的小吃是专为工厂下班的工人，和其他开会干部而准备，保存和适当宣传都无害于事。如今仅像是为市面消费繁荣而鼓励，消费多，反映的只是市民好吃零食习惯在受鼓励，从整体说也并没有好处，而健康却显明得不到什么好处。

这里理发，小街上的二毛，手艺之精而且细，约抵北京六七毛以上的。铺子多主顾不多，有英雄无用武之叹。照情形应当受鼓励向其他地区转移，和支援各地工矿号召同时，则鼓励这种有手艺人转过西北东北，并加以物质帮助，可谓公私两利。

这里女人似乎也特别多，街上走路女人之多，在其他城市还少见。大多数都像是逛街而出门，充满了兴致看百货公司陈设，并选购可供消化的小点心，食品店五花八门，真是少见！这些美味鉴赏家有些或者就一家一处的尝去。必须参观过这种种，才明白他们晚上那一顿普遍吃稀饭的原因。如晚上那一顿是干饭，像我们一样，再出门，看到窗子里一切，就不易引起兴趣了。

市面繁荣主要靠消费，消费者收入，却不如过去那么能从土地和上海半殖民地商业中谋取暴利，只不过是小部分有钱人和大部分低薪成分家庭，照正当职业计，一百五十元以上薪水不会多，平均干部或只在八十元以下五十元以上水准，伙食费每人虽用不到十元，零食消费好些成年人恐不止十元，但是数目还是有限。本市闻有五十万人，消费数字在上涨中，主要是日常习惯所作成的消费繁荣，不是更正常的消费上升。街道上还是碎石块铺垫，电灯多黄黄的，很多小巷子和中等大街上都黑黢黢无灯可照，人家多呈破旧衰落景象，石灰剥落，门窗敝旧，过厅空落落的，不像廿年前所见。有些人家虽装上灯管子，却因厅子空落落的，映照着剥落白灰墙，反而显得新的惨戚，不怎么热闹。如果每家人把吃副食的消费转到收拾房子、街道，也许有一年时间，东方威尼斯会给人面目一新的印象。想起"东方威尼斯"，我觉得苏州的水也应当提提。这水到深秋还是灰绿绿的，最适于浇花肥田，因为有机生物实在太多。站在小桥头看两旁人家，和小船来去，虽充满一种画意，只是在鉴赏细部分时，会发现两旁人家窗口多十分破旧，船只最多的是粪船和从水中捞取肥料的船，不免有点扫兴。

苏州花园事实上已修好了，到处还有工人在修补。事实上全个苏州还可变成一座大花园，专供外来人玩赏，可是如果要给人住下三五天后还爱苏州，大致还待把河水系统整个改善，说真话，河水实在太脏！其所以脏，又和一般市民生活习惯关系密切。苏州待改变的不仅是几座园子，更迫切需要是市民生活！

天气正好，早晚都极好，和北方四五月差不多，空气润而不潮，阳光强而不至于使人出汗，我们住的院子一树金桂花开得十分茂盛，全院子是桂花香味。石板地缝中长了几十株鸡冠花，花头如扇子，鲜红夺目，像是好玩似的临时插在石板缝中，给人印象极离奇。任何一种花草在小小钵头中也开得十分热闹。惟洋草花多于中国菊。树木叶子还未凋落，云物妍媚，一早上总是可听到鸟雀喧呼。

中学生来看展览的多成群结队，和南京学生一样，多欢喜大声叫嚷。有一二十个到休息室即竟玩扑克，嚷得更凶，可知是一种待改正的习惯，且是一般习惯，问问学校名称，是十二中学。如学校中先生也是一上街即注意吃什么的，学生习惯自然一时也不会改善。

我们拟星期三过虎丘，第三四页是星期三早上写的。

从文
晚

159

苏州

（一九五六年十月二十四日）

三三，夜已极静。

今天小五哥已和我到一苏州著名皮鞋店买成黑色皮鞋一双，价目是我有生以来所购最贵的一双鞋子。计十六元五角，一只已达八元二角五！又另买布毯二床，因选来挑去，还只此二种好看，是尊重他艺术眼光挑定的。已托他另寄北京。

我们约定今天看虎丘塔和园子。早上先到逸园，吃早上东西，再坐马车到虎丘。虎丘可看的是大塔，已歪斜，闻文管会正筹备保护工作。照我们看来，下部裂痕明显，基础已不稳固，塔已斜，又过重，再经二三雨季，恐怕会有问题，千年名迹将成瓦砾一堆。命运将和雷峰相似。塔各处都已太旧，惟红白斑驳耸立于蓝天白云背景中，非常美观。上面飞鹰盘旋，八哥鸟成群鸣噪，这种景象恐不易再得！虎丘房子经加修整，已成苏州新名胜区，小街上生意比呈贡还好得多，馆子且比北京一些馆子还好。闻星期日热闹如赶街子，学生结队到来总不易结队回去，可想见游人之多！虎丘附近五里全是花房，田地全是一盆盆木兰、玳玳和茉莉，河码头运花船只，可连数十大箩筐木兰花，每筐计四十斤，运到一茶厂去熏茶。我们就眼看到一大船木兰花运去。闻小五哥说，花盛开时全码头边都是花筐，等待运输，船来时争取时间以分秒计，来即过船，十分热闹。现在已是淡季，每天不过若干船而已。庙门边卖花三分一扎，还用个小小稻心草笼笼装定，极其有趣。到虎丘高处四望，只见一片平芜，远近十里全是一簇簇花房，白墙黑瓦，南向部分则满是玻窗，目下各种花草还在秋阳下郁郁青青如图案，入冬即迁入花房过冬。花农收入极好，从万千座新房子就反映得十分清楚,从河街各种做生意铺子的情况也可明白。这完全是一种新景致,可惜永玉不来,来时必用水彩或粉笔画收入画中。这是在一大片绿色平原上,加上各种黑白方块拼嵌入各处空间而成的。三个颜色的对照和完全和谐,真是一种稀有的奇迹!还有那条从太湖流出贯通绿原的河水,水中千百个风帆移动,真是奇迹!一切都好得很!天气又恰到好处,任何地方一点灰尘没有。小五哥说:"三姊能来住一星期多好!"这个话,随后到留园看竹林子时又说起,第三次是在西园新修理的水池旁说的。

就修整艺术说,留园最有匠心。同是用石头隔成,留园用石不多,因此一切见得舒畅,花树虽不如狮子林,却比狮子林有气魄。窗格子家具也比拙政园讲究。狮子林、拙政园、逸园各个厅室都放满了硬木家具,都是从近代新地主家弄来的,笨笨呆呆,和一般暴发户样子。并且到处有什么亭、轩雅名,一个二丈见方盒子式房子,只因为外边有一点竹子和梧桐,就名"凤栖碧梧之轩"。一个水塘塘养了三五只鸳鸯,就取名"三十六鸳鸯之馆"。总之雅得极其俗气,和《儒林外史》所讽的名士之流情形相差不多。门板上到处刻花鸟画,到处题诗,也不怎么高明。挂的字画屏条,都平平常常,只能满足作者本人,唬外人,可不能骗真正行家。好在行家也并不怎么多,所以还是好!留园各处匾额已失去,即未再补,家具也比较好,画也稍好,最好是一些玻璃宫灯,边上流苏穿浅绿淡蓝料珠做成,极其清雅。庭院中木石外总有点点空间,处理得有艺术。窗棂格子疏疏朗朗,不过于堆砌,视线开展不受石头限制。应当算是苏州目前较好的园子,空间多,新的中国花草可补进空隙,因此也是最有前途的花园。不幸是每到一处,还依旧有那个漆成绿色,又不得用又不好看的艺术设计垃圾箱,总在最当眼处出现。大致设计的还很满意自己的有创造性艺术,却不知那是最不艺术的创作!一边是痰盂一边垃圾箱,还编了号!西园大树很好看,只不过气候还未到降霜时,因此枫木银杏叶子都还绿油油的,红不过来。在虎丘河街上铺子里我们吃了中饭,从留园入城时已断黑,因就观前一个什么经济食堂吃晚饭。虽走了整整一天,行止支配得法,还不觉得怎么累。

　　你来信说的施蛰存处款待我回来为处理。再有三天我们将过上海，住处还未定。如有重要信可寄上海作协巴金收，我信附入内里，请他收下我去取，外不必写我姓名。这信寄到北京时，我们可能已到上海了。这次所学对编图谱极有用，对整个陈列和工艺史研究都得用。很多东西还从未发现，即这里发现的人也还不明白它的重要性。有些新出土的……如方格漆盒且完全如过去我所推测，证实了有些陶器实为仿漆器而作。又有些新东西可以证历史文献。又有些更为我们研究宋人绘画、服装等提供了崭新而十分重要材料。还有一片稀见大锦缎。照初步估计，将来恐还得用二月时间来照相，因为有二百三百器物恐非得照相不可也。

　　这几天气候正是下半年最好的，我们走了不少的路，也不觉得怎么热，更不感到累。我们明天还得看陈列，后天看库房，大后天看刺绣织绒，若一切能照时间安排，礼拜一大致即到上海了。苏州郊外比城中好。特别是虎丘的万千花农经营的绿原和花房，照晒在明朗朗秋阳下，真是一种稀有的好看景象！听说各花做成的香精，出国也极得好评。一切还在发展中。虎丘山门山塘街到处有生熟菱角出卖，还和龙街子云南乡下人出售慈菇一样，是蹲在路旁放在竹篮中出售的。买东西的人也得蹲下挑选。河中船只多极。人城交通工具计四种：马车、三轮、人力车、船。马车最快，船最好玩，我们却乘三轮，为了到西园方便。

晚上

上海
（一九五六年十月二十九日第一信）

我们总算到了上海，一切真是乡下人，过马路人多如飞奔。走到三轮上，江北车夫精强力壮，眼光四注，手足灵活，转弯抹角都用李少春演《三岔口》手法，丝丝入扣，在汽车无轨电车间进退自如。一切却极其自然，全无名演员骄气，真了不得！他虽庖丁解牛，胸有成竹，从北京来坐在车上的客人，不免有点担心，而且明白不是在台下看《三岔口》，事实上是在车上参加表演！

找上博，承他们用电话联系各处三小时，才得到一个住处。照说各处都住满了人，到得住处时才知道一房七个床都空着，只有我一人住下。明天还可搬一房间。可知另外还有空处。我们住的是南京路中段最热闹处，但是七层楼上却极清静，没有人玩牌唱曲子。走向上博不多远。初到地一切生疏。打电话给陈蕴珍[①]。听明白是我来时，还依旧在电话中嚷了起来。过两天待把酸梅糕送去看孩子抽肩膀大笑。小巴金一定已相当大了。

晚上略走街，正值星期天，满街是廿到四十的人，分不清成分。穿旗袍的究竟不多，一般是短大衣西服裤，头发短而蓬松，额前如嘉宝演什么时留那么一小撮毛毛。大学生还是和北京济南相差不多，人高矮不一，却有一个共通性，三五成群总有五分之一以上戴眼镜。霞飞路许多大公司灯火煌煌，还有专为妇女用品而设的店铺，比北京百货大楼大得多。一切都近于资金积累而鼓励消费。极不美观的人也把头发烫成嘉宝式，在街上晃，不知道她自己以为如何，特别是望到电影广告上什么法国演员相同的头发时，是否多少有一点兴奋？车过某

[①] 陈蕴珍，巴金夫人萧珊的原名。

一处时，还看到一个新式庵堂，老少妇女挤着进门，里边钟磬嘹亮，还装满了月光灯，屋梁上纵横是那种灯光。还没有人考虑到仿佛光五色来布置，一定更加吸引群众！苏州也还有好些香烛铺，大小蜡烛倒悬空中，铺柜中坐定了两位长衫掌柜，可不知是否也是公私合营？这种纯消费的迷信，事实上还是应当禁止节制，不然，一放手，城隍庙又成倒退中心！我们看到的还只是个小庵堂，南京路那个红庙和城隍庙，可能还要热闹，或已热闹到如戏文一般！我对于穿洋服男士或烫发西装女士磕头行为充满好奇心，这种表面文明内中迷信也可代表许多人，这一阶层占全市人口或并不少。不同的是有些见菩萨即磕头，有些不磕，却同样只希望天保佑，不费什么力也得到幸运好处！上海人已变了，生产者得到了一定合理待遇，只是这都市是钱和物为主要支配的都市，还是一样。饭馆子必等待许久才可得一座位。小饭铺为竞争营业，窗口都把各种应市菜饭摆成样子，任人挑选，也并不贵。五毛一客的虾腰烩饭，我已吃不完，大致我们两人有一客也够了。

还有一个特点，即天明以前到处已是大小汽笛唱和。不过还夹杂有公鸡声，里弄房子多，这种鸡可能是笼养在小平台上的。早上从七层楼窗口望出去，一片烟雾中灯光点点，也是北方所没有的景致。今天礼拜一，博物馆休息，拟和馆方接接头，就往其他看看，天气不冷。陈蕴珍一见到一定要问三姊和龙虎，其实如果小龙忽然站到她面前，会不认识，到明白是他时，或许还要如过去那么团团转高兴。天不变，地不变，陈蕴珍可爱处也不会大变，可说是性格中的"阴丹士林"！[①]正和形象中的阴丹士林，可爱处是一样的。我应当上街看看街景和跑马场（新公园）早上风光了，这时已七点多……也许还过了八点。

从文

星期天下三时上海站上——星期一上午七点住处

[①] 阴丹士林，原为一种蓝色染料的音译名，也指用此染料染的蓝色布料。张兆和在云南任中学教员时，常穿蓝色旗袍，此处指陈蕴珍像当年的张兆和。

上海

（一九五六年十月二十九日第二信）

三姊：

　　谢谢寄来的文章。读过后我觉得虽通俗到家，却没有什么意义。里边说的很多都是错的，有些且近于胡扯。一涉及文物，更是蜻蜓点水，不着边际！我在苏州车站已买了一本看看，觉得几个编辑部不大负责任。这种错误不下卅处的文章，是有趣还是有意教育读者？作者什么都不学，怎么能教育人？这种百家争鸣对作者有好处，即什么不懂也可乱说，可是对读者实在获益不多！如这么写文章，我每天也可天上地下写三五千字了。这种通信也可当成作品发表了。对读者无益，编辑应负责任的。我的文章已寄出给画报。画报上要求是不大合的。所要求的张恨水或其他许多人都可满足，因为随便抄抄故宫说明，还不容易？但另外说点中肯窍的话，他们却不大知道，以为多余，删去了。这也是我白热心的必然结果。因为"习惯"是只要些不着边际泛泛文字的。也无怪乎好些刊物都毫无有性格有生气的好文章，为的全是照例无一句错话，同时也照例无一点精彩的文章。聪明有远见的编者得改进看稿作风，不要再错下去，才是办法！

　　今天这里已冷了些，可是我却总是出汗。大致有了点点累。不知是喝茶作用，还是各种声响怪，晚上易醒，醒即不能再睡，相当费事，因为白天还有事待做。如果存心做作家倒好，因为晚上一醒，起来写点什么极顺利。可是现在是个半公务员半专家身分，一去参观，就涉及物质文化史全部问题，也问人也要被人问。尽管是照老习惯，一见到坛坛罐罐即精神奋发，可是到末了总还是相当累！累而难睡，不免觉得有点点糟。白天也老是出虚汗。住处条件极好，比和平饭店强得多，出入还得

165

拿个有号数的"临时出入证"。有好几百房间，住下三山五岳来人，有些或属于什么"拗令皮客"的什么员，年轻力壮，有些或是观光团，手上买东西一大堆可以知道。也有不少"代表"，具有各省科级干部味，仿佛闻得出来，事实上是看得出一大半。上海地方我算算前后已住过几年，大路还记得方向，可是不拘到大街小胡同，总像和那些住家走路人十分生疏。仿佛他们怎么活下来永远不易理解。特别是那些大大的房子中在进行的事情，以及极小的弄堂，挤满了大小人，怎么过日子，怎么做梦，永远不易理解！还有那种随处可见的"摩登女"，进出商店带了一大包东西，究竟是怎么回事？那么多东西用得了？王畸姑母老太太用长沙话说得好，"上海女郎所有全在身上"。过去这样是可笑，现在却是必然，这是有严肃意味的。闻竞争生活，竞争婚姻、出路，都无形而相当激烈。一般有四五十元公务员，都必须打扮得干干净净，才有办法。到处有女职员，可能长得好的比较容易找职业。而许多人即或会打扮也还不容易有办法的。又有些事找得用的人，却不易找，博物院说明员即是一例。女郎还是乐意嫁首长，首长年纪却必然相当大，而且有了人。总之，有竞争，有悲剧，只是不成为新闻资料罢了。南京路红庙烧香人相当多，可见发财幸运并未能一时从人头脑中赶尽。但是走到任何一处，工作服务人员态度都极好，比北京也好。这是真正社会教育和个人觉悟的结合，车上船上大街上，无处不可以让人体会到这种新景象。特别是活过几十年，从旧社会而来的人，看看这种种，真想不到。这其实也是一种竞争，人人争好的表现。在工人则为真正有了觉悟，当家做主，对工作有了责任有了爱。北京好些合作社的售货员，医院的某一种人，服务态度不好的，其实都应当来学学。一切善得很，车子过桥时还有不相干的路人为推推，你可想到是上海事情！我如多住一个月，会发现更多好事情，好现象。处处都说明中国人在共产党教育下真是站了起来，谁也压不下去！

可是也自然还有另一灰色面，大小弄堂万千孩子成群看街，三几年大致远不可能有像样学校产生，能满足都市需要。孩子们生长太快太多了，不能不说是一种担负，因为再穷些总还是得从土地上取得营养，要吃的！邵力子劝人吃蝌蚪，解决不了这个问题，总得有办法来适当节制。

今天将去见笑眯眯充满好意的蕴珍女士了，听到说起龙虎时，一定要伸伸舌头，眼睛圆睁，头略偏着的说："三姊开心！"我如老派一点，将要请她做媒，如再新派一点，将要请她介绍对象，不老不新，于是只有笑笑，"女朋友，慢慢来，是他们的事，我们不着急！"也必然要问到树藏和萧乾，对萧乾有斗争，这是历来的态度！也可能问到凤子，连类的说："三姊可不老！"我也许会要她陪同去买袜子，到时却先请她买一支拐杖，问用处时即说是"为龙龙的老母亲买的"。笑得她个人仰马翻，我才不管！

她们孩子一定也长大了，昨天在电话中即听到说还要和阿什么去学琴。在父母一定希望要她赶上傅聪，事实上却不知道将来能否学钢琴。男孩子可能已和小迪子差不多，穿上小飞衣，脚着皮鞋和我的大小相近。如此一来，吃酸梅糕也必然是一大块半块向口中填塞，再不会如南京张以某指甲大那么一尝一缩肩，动作和欣赏一致反映到人印象中，"主题分明"。（不说主题分明说什么？老师。）

看看近日《文汇报》，如范烟桥说苏州菜，都近于从不出门的人梦话。他是苏市文化局长，只说苏菜天下第一，也可谓说得满"天真"，因为年近七十，全不知中国有多大，有多少省出好菜也。如用你家中人投票，只有小迪子同意票，高干即不会同意，由于见事多！那文章幸好还不曾正式介绍苏州"排骨"为有名菜。苏州人欢喜吃面，面馆也因此特别多。王畸吃过两次排骨面后，即坚决不再吃面。理论和实际结合，原来面汤清整淡，面细而碱重，下齿无筋骨，不加一丝素菜，排骨孤独游离于面上，照北京习惯，宜于正式宣布为"不好吃"也。我当真就不吃。不过得承认汤包很好，每早都用到，比上海大马路大铺子的还好。

苏州点心在你记忆中好，事实上你也吃勿消，甜得无是处。回来时我带一点点由虎虎考验，也考验虎虎对苏州的感情。玫瑰酱多不便带，上海如有或带点回来。我如果可从这里出发，就不便带。向南走，皮大衣是不必带的，向北则早已着皮大衣。

从文

上海
（一九五六年十一月二日）

三三：

今天报纸上已见到英法侵埃战事发生事件。这实在是一件大事情！我们今天上本市建设博物馆看看，第一回学习站在一个办公室等候人的课目，约等候半小时还多些，且一再问"有公事我们就改天来"。最后才见一个主任找我们进去，坐定后才空空洞洞的问"什么时候来的？……住何处？……"又说："因为上海有两个博物馆，一个是这里筹备处，一个还未成立，怕是来找那一个，所以在研究……"说的稀奇而又不伦不类，真是值得上报的对谈！很奇怪，怎么现在还有这种人做领导工作？这个馆前不多久还才到我们馆中翻洗了好几百张照片，为什么我们来看看却这样？必有个原因。

离开后王畹才说："可能是到历博没有得到好好款待，所以报复一下。"如果真是这样，倒也是新闻。因为在工作中，我们总想象不到还有这种人，而且来领导业务。但是也由这个假定估想我们馆中情形，一定不可免有用"官僚"方式对待外来拜访的情形。由于领导业务的不摸业务，一个文件转来转去，到各部总不大接头。由于某些部门做主任的也不摸业务，客人来了于是把信看看，不知如何是好，又转下去。由于懂业务明材料的人不多，遇事总如此"泡"。总不免泡过一些外来人，给人印象相当糟，我们却一点也不知道！于此也可见，每一馆总得有二三深刻透彻本馆业务全部的人来接待外来同志，才能帮助外来同志。如果领导的都像个今天所见到的一位"官官"，什么事也不用做了。因为什么事也不好做。我还料想不到现在社会还有这种办事作风的人物存在。

我们这三星期真走得有点累了，白天午饭后一倒下床，就像不大容易爬起。今天下午实在不能再出去了，才不出门。气候好得很，惟出门换车上下，总永远像北京上下班情形，挤着推着的，车子走动时响声震耳，过马路时都用的是演三岔口姿势，敏捷准确到一个惊人程度。但同时也还可以见到托儿所主任带着一队小孩，口中一二一二的喊着，本人用倒退姿势慢慢走过十字路口。

戏院中正在会演昆曲，外来人找不到票子，报上却各处有文章在宣传。报上副刊文章，总还是一些琐碎杂文，得不到大处。有些过于地方性的争辩，大都看不懂。上海地方如按人口比例说，读书的人似乎远不如北京之多。书店不见什么人进出，报刊部分也不如北京同样地方热闹。街上不卖报（卖报人极少），必到邮局去买，不方便。在车上极少数有人看报读书。只有街头贴报处还有些人看报。很多人可能就不看书报的。作家大致也只是在学校一类地方起点作用，别的地方远不如机关首长处长科长之重要。地方另一特点是男性干部内中包括教授，穿衣远不如北京干部之整洁，总是脏脏皱皱的蓝布衣，做成"老干部"式，或许这么一来在群众中威信会高得多。女的则如上次听说的收入储蓄全在一身，但是也有即在一身还是脏脏皱皱的！这几天来唯一一位穿着摩登人物是章大胖夫人，真是个美人儿。大胖已过北京，将和几个作家去苏联，带队去那里玩两个月。女孩和蕴珍女孩一样，都在学钢琴，月另费三数十元。

晚上约好和流金过她家中去吃饭，见到了李宗蕖和从同一模子印出的四位小宗蕖，大的已过十岁，顶小的三岁，男士一，女士三，全是壮敦敦的，极好玩。家中有四位小朋友，上桌时热闹可想而知！母亲布菜时左顾右盼，得心应手，"大妹筷子……小妹你……小胖你不能吃了……"虽忙而不乱，比王令海从容得多。每人半块酸梅糕拈到手上后，各自眼睛骨碌骨碌转，"好酸！"大致还是生平吃到最酸的东西，可是很显然好吃，一会儿小手统伸出来了，"还要一点点！"极小的也必须要再给点点才能解决问题，于是再吃点点，"好酸！"虽那么说，却都认为好吃。住处已完全是郊外，距我们住处有一点半钟路程，还是坐公共汽车,用上海式速度行动。来人不会太多,因此孩子总乐意有客人到来。我住在他们小书房中,小女孩一定要贴在身边听我们谈天。李宗蕖做了大半天的菜,可惜我正是最不舒服的一阵子,只能吃荠菜虾仁,几几乎吃了一半,其余鱼肉都不敢下箸。住处如上海三层里弄,有卫生设备,工程比较草率,可是空气极新鲜。学校课堂入晚通明如昼,热闹得很。大清早放音乐也不像音乐。只看到许多小女孩在球场上玩球,大都是短短的干部服,梳双小辫,有些辫子似乎还黄焦焦的,即书上所谓"黄毛丫头"神气,我还以为是什么附中部分,教员家属子弟。问问才知原来统是大学生。年纪大都已及廿来岁。南方人给我一种共通印象,营养不足,成熟后还不成熟。有些人即做了祖母,在生理上某一部分某一意义也还是未成熟。正和某种"挂枝果"一样,长不到头,就完了。到处是糯米汤团和炸年糕,这些东西如到某一天都变成了北方水饺子应市,上海地方有上百万人会变样子!

小龙如到这里来,到车上时会有人侧目而视,"这么一个大个子,喔大块来哉!"说这个话的人可能就是个大三年纪女学生,比我还矮一个头。我始终对于南方吃的问题感到是一个问题。一般饭馆素菜使用的稀少程度也是少有的,或许有些蔬菜比肉食类还贵。

礼拜五下午　上海大厦

长沙
（一九五六年十一月二十四日）

三三：

这次过长沙考察的，这回车人并不多，我一路咳着到达。

同行只三位，阜西和一位李老先生，年六十七岁，在北京做度量衡局长的。

车到内丘，因前行车出事，误了五小时，因此到达武汉时已下午四点，到招待所时已五点。查先生二人过大桥工程处看建设，我却坐了车过协和医院让四个医生看，看了二小时，打了廿万单位盘尼西林，拿拿薰、吃、涂、漱药五六种，才回住处。原来喉痛咳嗽是"扁桃腺发了炎"。车已定八时过长沙，因此七点大家还是一道过江上车。约今早四点到了长沙，住省府招待处。人已不发烧，不怎么咳，只是喉部干痛而已。不碍事，大早起来洗了半点钟澡，好多了。长沙天气极明朗。空气湿润润的，许多树叶子还绿绿的，芭蕉叶也长得很好，叶子还未吹破。从这些可以推测一月来天气情形。白墙黑瓦市容给人一种清新愉快感。今天可能得拜会首长，同行有三人，凡事好多了，特别是两个年纪比我大。路上听阜西谈他的"琴经"，说到高兴时就大唱起来，极好。可惜他要在这里看歌舞约二星期，我怕不宜如此耽搁。我们俟到此二三天后，即决定行动。还有陆续到长沙的。如必须等齐才听省府报告，这几天我正好看文管会东西，并了解问题。长沙可看的自然还多。

阳光下一片片白墙黑瓦，给人印象很新。地方正在建设发展中，不像苏州那么老。老的全烧了，新的也有不怎么处，即不大见得出地方特征。洋房子和别的地方相同，大马路也相同，整齐干净也相同。

菊花十分好，公园中当陈列的品种，这里到处可见。省中遭旱灾，报上日在喊救旱。

我也许还得过医院看看，吃东西不起劲。和往日情形不大相同，一动动就流汗，或者人真有点老了，饮食一变，不易适应难吸收。

从文
十一月廿四日

长沙
（一九五六年十一月二十七日）

三姊：

今天廿六了。礼拜一，可能要拜会些人。我们大致得分散进行工作。十二月初，吉首有会约开三天，我拟参加，只不知在初几开。这里去吉首要三天公路车，过两天，也许就得动身（近拟二三号去）。事不大凑巧，上次过上海一咳五六天才好，这次又成了"病号"人物。到武汉看了看医院，今天或者还得到"湘雅"看看。别的不难过，只是咳而已。流了点鼻血，止住了。再有两天就好了。

长沙市面不大，却相当热闹人多。到处是新房子，一切在建设中。新公园大而好，菊花有若干万盆，玉兰花成行排队，一切布置都是以万人做对象。已看博物馆，可不怎么大，初办，待改善处多，在公园里边。这里正设立历史科学研究所，将来解决楚墓问题，不然写不出报告。地方事，人手更见重要，搞文物从全面下手的不多，因此陈列上不易见好。学校对这些东西也还不知如何使用到教学上。博物馆每天也有上千人到四五千人参观。正是秋高气爽，菊花盛开时，来人更加见得活泼。孩子们成队成群的在里边嚷嚷叫叫，十分兴奋（苏州馆中也如此）。湘绣醴陵瓷在博物馆看到一点点。瓷质好，做法待改良，一般说来比景德镇好，又相当价贱，将来有前途。湘绣似不如苏绣之精。主要在图稿差，水平不高，因之工人再好也无从着手。解决问题还是好图样。苗瑶族刺绣精美惊人，有从来未见到的。但也正是小时候所见到不易忘记的，花纹奇美，配色之好不可思议。可惜在这里并不怎么引人注意。将来会成为国内时髦装饰物。应成为新湘绣一个部门，到国际上也站得住。

廿七，昨天到医院半天。透视肺正常，心脏毛病未好，还是说"高血压心脏病"。上到百七十，不算过高，低到百三十，稍高了些。带了点药回来即睡下了。晚上未吃什么，吃了不少橘子，吃了药。热些，卅八度多一点点。血压高到百七十八，低的落下了些（医不说）。晚上虽睡睡醒醒，可是到天明再出汗，人可轻松多了。今早一起来，几几乎全好了。今天大致即可看文管会。因为日子已排定。可惜这里正当省会演，不能分身，只好割爱。会演中凤凰有一《文茶灯》，大家说不下于采茶舞，有的还说比那个好，看看果然不错。各省都来参观，说是挖金矿，可知多见所未见。如衣服改改，装扮改改，做作改改，一切恢复本来（他们年轻人不知道，我倒还知道），一定可以出国。你想想看，六七个做微笑态的年轻女孩子用一口凤凰腔说"那样……"唱着跑着，岂不有一定程度滑稽！戏中有很多极好的，好到惊人程度。有个八十岁瘪嘴老人唱小曲，简直和十三四岁女孩声音一样清脆。有个唱山歌的，和唢呐声音一样，唢呐是双管，动人得很。也有极丑的打扮得和北京玩魔术的差不多。气候好极，可惜的是一出门必用车送，反而把我们看街的权利取消了。市面只有三五十辆三轮，所以坐三轮不方便。此外即人力车，坐来太慢。公共汽车人又过于拥挤。交通工具是问题。地方小，多数人是两脚代步的，时间不经济。

长沙

（一九五六年十二月五日）

三三：

今天真算是十分九好了。昨晚吃了二粒药，大大睡了一觉，睡中天上地下梦做得个不知所止。好像和你们到一个什么河滩上，还有几个洋人，有人奏乐放炮，在那河滩上可不知做些什么事。终于醒回，已整七点钟了。我照医院说的再休息一二天，大致就可上路了。近来奇怪是一动即大汗不止，或许是在医院中扎了那若干针的结果。据护士说，是每天廿万单[位]盘尼西林，分二次扎，另外名目不悉。照我自己说，在医院中不知吃的那些丸子（相当多）是什么，白天日里总是昏昏的睡，睡了好几天。至于咳，可能还是末后一天一个医生为我买的一瓶什么"川贝枇杷露"（广东货）治好的。为什么医生会为设法买这个？他说他家孩子咳，也是吃这个好。说时他笑笑我也笑笑，因为医生自己也乐意买中药吃，可是开方时还是照所学开去，可见内中有些矛盾。昨天到博物馆开了半天会，听了许多意见。包括文管会、研究所、博物馆、工作队，四个机构人不少，基础可不怎么好，新成立的只想另打基础，把旧有的抛开，可是知识底子太薄弱。旧有的终日陷于事务中，研究说不上。更新成立的"历史科学研究所"，因为不是内行，做法也拿不出一定主张，且毫无基础。所以挖出的东西在国内尽管十分重要，但在本地如何就他来研究，还有好一段路走，才走得到研究正轨上来。因为基本上都还不明白这些东西在历史文物制度上解决了多少问题，启发了多少问题也。一点不知，或所知皮毛，如何研究，研究出来又如何拿得出手？所以这究竟还是问题。他们自己也明白，不知如何解决。学校方面则落后一大截，还不知如何用出土材料教书。总之，全国注意的事，本省文教

175

界对之却不怎么注视，文化局不知如何注意。是问题也。一到地方，人材真正是十分难得。最缺少是"全面"观点和"集体"观点的领导人，因为这是要学问又要心胸广阔的人，才会把事情从工作出发，来布置工作，推进工作。不至于因布置人而耽误事。

昨天到一大庙看看，有百十尼姑在织帐罗！这倒是自古有之，讲红绸史，古代越罗婺罗都是女姑子织的，在历史上十分著名。现在这些尼姑在有组织情况下进行生产，每人月可得四十元，比许多小学教员好。庙极大，将来还要发展。也早上念念经，做做例行法事。还有生产模范。老的不必生产，也有吃的。年轻的也可自由还俗，因此将来年轻貌美的尼姑，到机会许可做"陈妙常"时，或者不必如廖静秋那么自我斗争，倒是和几个同师友开个小会商量一番，就把问题解决了。再进步些，也许还得方丈主婚！也因此倒可做新的戏剧题目：《尼姑结婚》。知客的一位约卅四五岁，穿得干干净净，充满了人情味，告我们生产情况，工作情况，极有兴味。这人将来如改做什么合作社交际处长，必是一个好手。这尼庵还有过万册佛经，搁到新柜子中，等待佛教协会招待外国和尚时看看。另有上万佛经搁在楼上无人看。至于尼姑念的经书，不过三几种。总而言之，是很有趣味的一个新型大庙。方丈室在楼上，从窗口望望，还有个极摩登的玻璃橱，内放日本印大正藏经一部。写字台上有新式桌灯，旁有个圈椅，热水壶……没有丝毫禅林味，却和一个局长办公室差不多。听说方丈是个大学生改业的。可惜人已到北京开会去了，见不着。

长沙街上别致处，是到处有一种似鸡非鸡、似鸭非鸭的家禽，一身乌黑满街跑。闻长得极快，可到八九斤，做腊肉极好。长沙一切在发展中，劳动者劳动力极强，板车多特制，比较北京轻便一半，一个人拉，可能到八百斤以上。全市只三轮五十六部，做得讲究如汽车，拉车人总是先为你算好路程价值，开票等等手续做完后，才从容上车。车大小可坐我这样号码的人二位，如查阜西则只一位搭个小孩还勉强，两位可挤不下。尺寸可能是夏天定的，没有把冬天大衣占的地位计入。全市只五十多部，所以坐上去是件时髦事情，似乎国庆节才开办的。

汽车大致半点钟才过一部,挤得如腌酸菜,比煮饺子还紧一些。公园气派大,将来有发展。在所见许多公园中,算得是一个好公园。

从文

五号

长沙
（一九五六年十二月九日）

三三：

　　昨天我们过江到了岳麓山，看师范学院历史教学材料，在那里吃饭。饭后和朋友上山到蔡锷墓、白鹤泉等处看了一下午，才走回江边，由山上到江边恐得有八九里路！风极大，起始穿新大衣。学校即湖南大学旧址，地方条件极好，一切都像在画中或梦中。学校在山腰，树木已极多，宿舍一所所在田野中，垂柳萧疏，景物清极。孩子们多长得极活泼。山上树木有三四人才抱住的，到处是鲜红如血的枫叶，这些枫树也多高到十丈以上，整个山中是这种大树，你想想看多好！如从教员住处到树木最好处，约等于从桃源住处到跑马山还近些，所以到处有如你吹口琴时那种学生，三三五五跑来跑去。我们吃饭处是旧岳麓书院，宋朱熹、张载曾在此讲学，毛主席在此读过书。山比云南西山小些，可是丘壑树木好，面临湘江，气象还开豁些。这里还有一个土木建筑大学，矿冶学院，师专，有过万学生，也照例有一套附属组织，中学，小学，托儿所，百货店……自成一个相当大的单位，包括好几万人的生活。不过一个学校和都市完全脱离，有些知识可能也就永远得不到了。教员生活关系简单如隐士，长久也不是个办法。

　　江边很动人，有过千帆船停泊，真可说是"帆樯如林"，扒船人都十分沉静。可是在公共汽车上看到的大学男女生，却和你所知道的长沙学生差不多，在车上打打闹闹，大嚷大呼，不断的听女的说"鬼呀"，照例是被男的说了一句笑话时，女的不平，把"你这短命鬼"五字压缩，脱口而出。也是一种十分健康快乐的表现。一般体力都比江南强得多。过江必经轮渡，小汽轮能容三百人左右，上有卖脚气粉的一位，说话完全如教授讲学从容（许多名教授还不如他的口才），把剩余美货的脚气粉说得个神乎其神，末了还说用完后可以把筒子做种种用途。可惜未说完船已到岸，只好结束。大致每天这么说若干次，可能有三几次说中，有人出钱二毛八分买去一瓶，拿回去就大试特试！不过天气正当冬令，哪会有脚湿气病？因此也许一天只是白白讲演若干次。但人总得吃饭！可不知如何解决。其实这种人吸收到博物馆做说明员，必然是把好手。因为言语顿挫而富于节奏感，在一般叫卖中极少见也。许多有名人口才都比不上。

长沙街上多卖龟肉狗肉等等，还有古风或蛮风，街上满是人，铺中进出也是人，一般布店或其他铺子生意都相当好，全是干部照顾。彭俐侬等在此演出，每日上座闻相当好，只是票价限制在三毛内。梅兰芳一来到二元，还是满座。惟看戏的必比较少数人。大戏院座位闻多做沙发式。

今天见老毛父亲，才知大哥已回到家乡，我大致在凤凰可看到他。我们十二号上路，十四可到吉首。

长沙
（一九五六年十二月十日）

三三：

　　我们又看了一天文物，东西好，处理上问题多。许许多多东西都是国内少见的，许多东西并且是对世界也是一种重要发现，如公开出来将对各方面研究都有极大帮助。惟整理工作人员少，有些材料十分重要也不知道。有大堆汉漆器，就搁到那里，其实全是国内未见的。我们一看又是一天。看陈列，不能满人意，因为说明不了问题。宋以后东西太差。很多比我们家中用的还不如，统摆上了。说明员不济事，训练了几个月，说不出问题。馆中全是生手，如办文化馆方式来办博物馆，不合用。来看的上千人，可以说得不到应得知识。首先是教育人的还没有好好教育自己。比山东、南京、苏州、上海都不如。但库房中东东西西，特别是古文物，却丰富远过许多地方。

　　这几天虽相当累，体力还济事，已不咳，还在继续吃每天三片路丁，和八片什么维他命。天气还明明朗朗，拟用一天时间不外出，来写写意见印象，十二号一早即过江往吉首。大致在那边住三四天，到凤凰住三天，即回来，回后即过武昌，看看武大，即回北京。预计时间，也将在廿四五前后了。总之到京要过年了。我希望能把时间稍提早些。但各处看看，实在获益极多，对于各方面改进工作提意见，也比较全面，易有好作用。有很多人现在才来工作，其中不少熟人，在北京反而见不着面的。

　　长沙地方并不比南京大，可是似乎再住久些也不大容易认识，因为似乎另外是一套，住在交际处，能接触到的未免太窄。如用来和廿年旧的一切对照，则显然是两个时代，主要是人全换了。做事的人全换了,做事方法态度也全换了。学校因为我并北京的也不知道,旧的也不知道,不易得比较印象。在昆明时那个谭蔚,昨和他太太来看我,有了四个孩子,两人都在教书,太太教女中。学生据说都争着看《春》《秋》《家》,排队领书。至于《三里湾》一类书,却不多。《铁水奔流》也不看,看后印象薄弱。女学生大致还是城中知分子弟多。我们孩子却已过了时期,也许不熟巴老伯,倒会是巴老伯读者。闻学生一"向科学进军",多只赶理、数,对历史最头痛。大致教历史的自己既读书不多,也是头痛,因为实在教不出什么名堂来也。国文已在教古文,谭蔚即教古文。

老毛也结了婚,太太在做助教,自己在江西做事,大致跳荡已不如十年前,不读书还是一切依旧也。他的妹妹反在山东大学教俄文,比他上进。这次会演中有几位微笑态的家乡女孩,一切似乎并不比中央的差,闻平时只在合作社做油纸伞。有个唱情歌一再得奖的,平时是个理发师。有几个唱歌极好的,是船上水手。正是我廿年前和他们一道在船上的人物。那一位做纸伞的女孩子大致将来会成为自治州的文工团演员。如系过去社会,必然将为什么军阀收做姨太太,如系更新社会,应当选过中央歌舞团学习,或可望成为大电影明星……至于现在社会,只好将将就就,做民族文工团演员,嫁个科长,了事。这里博物馆一个搞群众工作的女同志,也年纪轻轻的,比以瑞太太还小得多,闻从什么文工团退伍出来,放到博物馆工作。很奇怪,一切好处正宜在歌舞团中得到发展,却来搞博物馆繁琐事务。另一面文工团却又苦无人。大致系统不同,各自参商,这个团体找人,那个团体却在退人,不免形成如此情况也。不经济处当事的照例不易明白。

你的老师马宗霍还在师范学院教书,想看看他,他已入城,见不着。大致也相当老了,闻已算是老教授,且是唯一国学教授。

不知是气候不适还是打针过多,又还是住处过于官样,精神似不如在山东、南京活泼。也许是过于疲劳,一天总是动,总是谈话,而又是一种做客心情,不免有及早归来"倦鸟投林"情绪。其实体力已回复，再不会有别的事了，总像是有点倦。十二上了车会一切眼目一新，因为算算时间，已经有廿三年了。人真奇怪，近代交通工具虽这么缩短了旅行的时间，可是大多数人却不能如过去那么旅行便利，至于游山玩水更说不上了。人都为事缚住，失去了过去人应有的从容，即自由如陈蕴珍女士，我告她来北京和三姊玩几天吧，她说我得送我家宝宝上学，学琴，一面说一面用小杯子浇花，也有点隐士太太规模了。巴金事就自然更多了。很奇怪，这么不从容，哪能写得出大小说？照我想，如再写小说，一定得有完全的行动自由，才有希望。如目前那么到乡下去，也只是像视学员一般，哪能真正看得出学生平时嘻嘻哈哈情形？即到社里，见到的也不能上书，因为全是事务，任务，开会，报告，布置工作。再下去，虽和工作直接接触了，但一切和平日生活极生疏，住个十天半月，哪里能凑和成篇章？照情形看，要写，稍稍回头写五四以来事，抗日时事，专为学生及中级干部看，中学教员看，比《春》《秋》《家》相似而不同题材，写社会，会比较容易下笔，也比较容易成为百万读者发生兴趣的东西。因此我想写四嫂所谈故事，易成功，有十分之八成功。如照赵树理写农村，农村干部不要看，学生更不希望看。有三分之一是乡村合作诸名词，累人得很！

我每晚除看《三里湾》也看看《湘行散记》，觉得《湘行散记》作者究竟还是一个会写文章的作者。这么一支好手笔，听他隐姓埋名，真不是个办法。但是用什么办法就会让他再来舞动手中一支笔？简直是一种谜，不大好猜。可惜可惜！这正犹如我们对曹子建一样，怀疑"怎么不多写几首好诗"一样，不大明白他当时思想情况，生活情况，更重要还是社会情况。看看曹子建集传，还可以知道当时有许多人望风承旨，把他攻击得不成个样子，他就带着几个老弱残丁，迁来徙去，终于死去。曹雪芹则干脆穷死。都只四十多岁！《湘行散记》作者真是幸运，年逾半百，犹精神健壮，家有一乌金墨玉之宝，遐迩知名（这里犹有人大大道及）！或者又必穷而后工，因不穷而埋没无闻？又或另有他故。

梅兰芳六十岁犹上台装女孩子，有人在报上称赞宇宙疯装疯之妙，又说什么内心活动,出神入化,我一点不懂,今晚却有可能去看他的宇宙疯,岂不是奇闻巧事?我一看到他被人称赞的衣装就生气,宁愿称赞越剧《西厢记》,不肯同意他的洛神或任何一种戏剧服装,因为实在不美!但正如我不懂相声艺术一样,我实在不懂"艺术",懂的是不知应当叫什么!这也真是一种无可如何的事情。《湘行散记》作者不能再〔写〕文章,情形也许相同。

凤凰

（一九五六年十二月十九日）

三三：

　　我已于昨天下午到了家乡，沿路是好得出奇的山砦，到处在造房子，还照老例挂匾，"栋宇光辉"！苗族是互助工完成的。到站约四时半，大嫂背了个竹笼来接我们，还炖了一只鸡！州中派了个年轻文化干部陪我同来。我们在大哥家中吃了饭，就回到县署住，住的房子应当是过去"道尹"的花厅，现在已改建了一座大楼。附城山头树叶虽已落尽，还是极美。可是街道好窄！我奇怪当时还有人跑马。街上人挤挤攘攘的。晚上正值放映电影，要我去"与民同乐"，是在过去城隍庙改造会场放映的。台上和台下声音搅成一片，好热闹！闻每礼拜必有一二次，一毛一人。放两次得分别买票，第一次完时即大喊出去出去！这次映的是《天仙配》，七仙姊下凡尘，观众非常满意。回住处时和一些本城人同道在小街上走，和三四十年前看戏回家情形一样。到处还有小摊子卖花生橘子，老太婆守在摊子边用烘笼向火。每月有六七元，生活得多长寿！一个单纯！朝慧①已长得和虎虎一样高，很好，就是一切还如孩子。人很纯，住学校中。我们拟廿二回吉，返长，归北京，算算日子，恐怕即早也得到年底才赶得回来了。

　　这三天看学校，听报告，参观一下建设。挂一天坟，并看二三老熟人，接大哥谈一天。他左手不大能活动，其余好，还撑住个杖子到处走，成为当地各事顾问。外来同志读书的对他都极尊重。真正是当地唯一"老文化人"，"文物保卫工作者"。大嫂体力也还好。生活好。

---

① 朝慧，沈从文已故三弟沈荃的女儿。

房子临马路边,和新华书店对过,有意思。地方建设比较慢,学校却好,得好评。升高中极多。马路一直修到城边。城中破破烂烂处相当多,实在也太旧了。整个看来却非常富于画意,是北宋画。

今天就要得从我生长的小房子前和做顽童时一切地方走走了。好奇怪,城中认识我的人怕不会到十个人。有好几位小时在一处的,闻在背货种菜,即见到也不知说什么好了。地方在印象中极熟,如今真正看来倒反而十分生疏。

地方给人印象"奇怪",因为许多都像变了又像不变,许多小孩子骑着"高跷"在路上碰撞,正是我过去最欢喜玩的。酸萝卜小摊子还到处是。许多老太婆还是那么缩颈敛手的坐在小摊子边,十分亲切的和人谈天,穷虽穷,生命却十分自足。许多干部是外来的,却在生根。当地广播电可到各乡村,每天广播歌曲时事并传达命令、通知。办事的长是四乡转。城中轻工业品,销干部的全是外来物,印花布上百种,纸烟特别消费多。本地有三百多人织土布,二毛多一尺,好看之至,却无人过问。本地人不穿,干部不穿,苗人也不大爱穿,各处摊子都有的是。如送到北京商店,特别是美术商店,三几天就可望销上千匹。有些花高级之至!真是货到地头死。人材也可能有相似情形。有个老画家,是近百年来湘西好手,教了廿年画,近在乡下种田。好银匠还有一手,做的围裙上东西,简直是"杰作"!唱歌的穿起来,到世界上任何一处去表演,也是第一等的服装!可惜没有人认为好看。文化干部总是说在发掘,当面的轻轻放过。朝慧也穿起和虎虎一样的衣服,你想想看影响好可怕。

我想带点点好料回来开开你们的眼。我看过一处织布厂,大堆年老年轻妇人在一处有说有笑的工作,高兴之至。她们如知道所织布匹拿到外国去也是第一流手工艺品时,还不知要如何高兴!这里年轻人富于创造热情和天赋的小学教员,中学教员……还是一个富源,外来人不会明白的。没有出路,慢慢的自然也就耗尽了。是一待深入的问题。

二哥

十九

长沙

（一九五六年十二月二十六日）

三三：

 我已从家乡回到了长沙，照预定迟了一天，因在吉首参加了一次州政协会议。还拟在此留一天，和这里同志谈谈问题。已定廿八上路，早六点车，可能是卅或廿九什么时候到达，得问问车站。在凤凰挂了挂祖父母、父母及诸亲故墓，大嫂背了个小竹笼，装了点腊肉橘子，同行的还有二青年干部，正值细毛毛雨，各戴上一个斗篷，一切很像是屠格涅夫传记小说上描写，因为在坟上远望，正看到新公路上汽车奔驰，大嫂在碑前叙述工人砍坟前树修桥事。

 本地有个石莲阁，好风景外还有个好塑像白衣观音，含笑如活，现在主要建筑已全部拆去，被改建为新医院，本地人不忍观音打毁，因之抬到一个合作社牛栏中放下。如牛栏扩大，大致就保不住了。几个教员一定要陪我去看看，就去看看，正和耶稣圣母一样，画出来才有意思。永玉如回来，不可轻易放过！

 向上走路上相当累，越去住处越小，小客店总是楼房如随时可以倒下，走动时必轧轧发响，薄板壁隔成小间小间，彼此虽隔断什么都可听到。被盖十来斤重，得用身体温热先把被弄暖和，才能保温。即使如此，冷风还是灌满一房，半夜醒来且无灯火。早上摇铃到处喊"客人起床"催客上路。好的是照古风有热水洗脸洗脚，毫不含糊。街上总是成群小狗、小鸭、小孩子。到了凤凰，即住县长大楼，楼上也是空空的，半夜火盆熄后，全房子冷飕飕的，被盖格外冷。早上也是摇铃，吹哨子，并叫人起床。有意思是天还黑黑的，又无灯火，起来做什么？还不知道。

 最好还是河面种种，真动人。回来路到过泸溪渡时，正值十多个大木筏浮江而下，十多只大船也播橹下驶，江山如画，好美丽！车一过江即盘山而上，约二里路到顶，下视更是壮观。到处如宋人画卷卷成一圆筒。特别是过沅陵渡时，实在美丽。

到常德时，还过麻阳街探探乡亲，几个老麻阳婆守在一个狗肉专馆前摆烟酒小摊，那专馆却有四十三只狗腿挂在屋梁上，柜前陈列六七个酒坛，可惜看不见武松、浪里白条一流人来到铺中大宴。这两天正值大晴天，早上雾中山景，好到不可形容。车过桃花源时停了停，有个水溪合作社小铺子，三五张茶桌也还坐了好些黄发垂髫怡然自乐的人物。铺前小摊子边却有个穿干部服外加围裙的中年人物，在和人买卖香烟。唯一有点古空气的是一坛酒，但也是从常德来的烧酒！桃花源已非世外，却有意外新事，即常长间有个地区出产金刚石，比苏还好，将来有可能是世界上名矿之一。已有好几十排工人住宅，早上电灯比常德的还亮，附近只是一片平田，中有宽约二丈一道泥沟，原来金刚石就出于沟中，距地丈许就可发现。地名丁家溪。凤凰附城也发现一矿，是磷矿，周围廿平方里闻全是这种矿，且多露头，将来可供全省有余。更有意思是还有丰富的文化矿藏，这次在县城里稍捞一下，就得到好些。本地人说我是"收荒货的"。他们想不到这些东西如早到北京二月，已可出国旅行供十多个国家开眼！苗族或土［家］族编织物之精美更是动人，本地人却从不把它看在眼中。真如有个小表侄说的："沉香木当柴烧。"一事实上几年来毁了不知有多少！好的大多毁去了，市场上却充满丑不可言的上海轻工业用品。也奇怪，怎么会这样丑？我住的是州长住客房，用的枕头帕和玻璃茶杯，都是下江出品，好丑！可是本地有的十分好看的挑花、绣花及印花旧样，可真值得叫做"宝贝"。

晚上——长沙

南京
（一九五七年四月十四日第一信）

三三：

　　十二日五点开了车，车中晒得热热的。四人座为外宾来换了个座位，是两人间，格外清静舒适。洗手间在房中茶几下，方便之至。上层是个陪比利时外客夫妇的译员，到处跑过，谈得有意思。

　　车上吃的还是极坏，因此我只吃一顿晚上的，一顿早上的。十三中午头昏昏的睡着。晕车还是头一次！下午二点到江边，即另外坐船过江，还可穿瘪三大衣。同行的也是一样的，颜色略灰一些而已。四个人一路，中有二干部。

　　到宁住中山路七十一号福昌饭店二〇四号，三个床位，有洗澡处，"好"，但是睡到第二天早上四点时，才明白当街房子的"吵"。因晚上无事，我叫车到兰园去看看四弟，巧而不巧，两夫妇刚出门看电影去了，原来电影院即在我住处窗子对过。家中小家伙陪了我大笑一点钟。壮壮实实，眉眼如周孝棣，漂亮。一口合肥话，还会打太极拳，姿势和我的差不太多，极认真的打给我看。"小老爷"也在这里进修"热工学"，为沈阳夜大学备课，已成半专家，将来必然是"专家"无疑。昨一到就看手工业局木器展，好些三四用的桌、椅、橱、床，工巧而并不太实用，因为变化太多，如玩魔术，事实上买他的却不必那么多变化，能两用已很够了。昨天是礼拜六，下午街上格外热闹。今天拟过陵园、孝陵诸地，因为是星期天，看人也可说是明白社会一个条件。上半天看博物馆。

　　明天主要看丝绸生产和问题，座谈问题。后天到南大去或师院去。十八过苏州。廿一过上海。瘪三衣大致一直可到杭还不必脱，早晚有风相当冷。这次霜雪据闻对农业生产大有好处。因为止后即有太阳，全变成了水，静静的浸入麦根，比阵雨小雨好得多。麦子要的是雨足太阳好。今年必丰收无疑。惟闻桃李花期或受了些损害。一路所见麦苗都是青油油的。

今天气候好极，想必郊外人也特别多。我们正准备上路，同行共四人，条件比大伙上路好，因为谈的全是问题。

南京有个特点，就是早上吵，车马声吵得好紧！可见住处不甚合理，地方拉得太宽，办公的地方去宿舍远，只能用汽车运输，油的耗费不免大些。一般东西比北京贱些，伙食远不如长沙好。街上卖苹果，全是疤疤点点，小小的，还六七毛一斤。梨子大都半坏，只毛五一斤。日用手工品比北京好而贱。在轮船上遇见些安徽妇女，从浦口收鸡来卖的，闻毛鸡也要六七毛一斤，还不好收。鱼似乎还多，又新鲜，可是用油极少，不好吃。好的是四川榨菜，像是照规矩，本年菜向长江运，隔年菜才往北京运。这里榨菜大片片做汤，又脆又鲜。伙食一元五，照昨天吃法，只一菜一汤，而四人吃也只一汤。办饭的略沾"上海味"，远不如长沙同样价钱一半好。长沙是三菜一汤。

张以迎报自己名字时，必附加解释，是"欢迎"的"迎"。我说怎不叫"欢迎"？就笑得前仰后合。为带了约廿粒北京牛奶糖去，是从口袋中掏出的，放到他的小小红笸箩中，吃时还分一半给干奶奶。一切反映"性情正常"，十分自得其乐，什么也不在乎。问他妈妈和爸爸出去做什么？就说"眼睛伤了，去疗眼睛"。原来是上电影院用电疗！

正是开春的天气。一切都如有春天消息，树木绿绿的。陵园和玄武湖花一定开得十分茂盛。南京有比首都好处是各处有空地，各处有水有树木菜园，每户人家得到的新鲜空气都多一些。可是十分奇怪，没有一只鸟叫，也没有鸡和鸭子叫，空中也不曾见过一只鹰。

也许乡下情形会不同一些，大江边也不同一些。江水比湘江宽得多，可是却没有湘江有意思。湘江江水碧绿，两岸全是帆船，桅子如林。江中也满是白帆，有画有诗，也有生命，有生机。这里江中只是一汪浊流，急忙忙向海奔赴，如不得已的在赶路。江中的鱼鳖也若在不得已情形中同向海中奔赴。江面也有船只，因为江面过于宽阔，比较上就看不出什么。大码头边也泊船不住，不明白那些帆船如何停泊！"洋船"都像是当差样子，不从容，也不美观。这里凡是可以听到的广播，都不大好听，很奇怪。

          从文
          十四日

南京
（一九五七年四月十四日第二信）

三：

今天一早我们到了博物馆看看，已起始看到许多花，真是只有南方才有的花。天气热热的，令人回想起小时候春夏之际情景。人在病中，看到许多花，在日光下静静的开放，心软软的，真正是小心子好柔弱！我还记得有那一回，看到花台上碧桃开得十分热闹，我正病好，没有人理，一个人坐在台阶上，心子弱弱的，哭了起来。家中人不明白情形，还骂了我一顿，可不明白小孩子"心灵"如何需要安慰和爱抚。看到这些大红的绛桃夹杂柳丝间、紫荆、榆叶梅如竞奇斗胜，杉树、针枞也绿得如翠，我对自己也不免奇怪，想问问："我究竟是谁？"因为自己在这个地方，实在不像是能在另一时想象的！并且在那么一些花间，想起五十年前旧事，好像直到这时才懂得自己小时候那一点点！

到陵园想吃点什么，闻要排队等二小时，可见人多到什么样子。到灵谷寺去，树林子里和房子又满是包座的人，也得等二小时。我们只好买冷盘——简直是抢，不过得出钱，还得一件件抢个半点钟，才算得了三盘冷杂，用茶水和啤酒饼干送下。树林子全是豆绿色，到处有榆叶梅、丁香、连翘、碧桃、樱桃……到处是人，可只是那么山谷中也没一只鸟。奇怪！难道除四害全被除了？总之，应当有黄鹂和杜鹃，没有听到。或者南方时候不对。我们转到"吃樱桃"的玄武湖，还是生平第一次到这地方。像有好几万人，如赶庙会一般向里边流。水中也有好几百条船，还有拉帆放乎中流的。有马戏团，外挂"客满"牌牌。有溜冰场，如煮"活动饺子"，另外还有几百人排队待煮。消化机关更是热闹。到处是极好看的花木，我估计，可能应当算是国内最好的公园,因为自然环境比北京的几个园子可大好得多!还是孩子们的玩处,好大一片草地!有个竹子做的长廊,比颐和园的长,曲折,素朴,好,两边也坐满了人。工人、学生、干部和一切家属占主要成分。大家都快乐得很。花真少见,绛桃和辛夷都开得如火一般。棣棠还是在青岛看见的,这里和连翘排队栽。树木正当春,叶子好绿!(北京也应当是相同日子了,你们得和虎虎出一次城看看。)

　　回到住处累得和小时候放春假郊游回家一样。晚上还看会演无锡小戏,苏州小戏,不大懂。河南梆子可出力,"罗成大战尉迟恭",也像是五十年前看过的,不料至今还在演,太老了。大花脸在上面含着满喉咙的痰,喊了一小时,可真卖力气,是得奖戏,可是喊得太累人。打功好,做戏认真,比京戏强多。明天将看一天丝绸生产研究等等。后天看学校,座谈。只能作了解,因为时间过于促迫,我们只有分别问问情况。

　　气候好到白天可穿瘪三大衣,街上相同的多。晚间还觉得风大些,不过出城到郊外,手拿着似乎妥当些。

二
十四

在路上抽空试写了个小文章,二千来字,好。

十五早发

上海

（一九五七年四月二十二日）

小妈妈：

下午看到了"巴老伯"和陈蕴珍一家，孩子们又大了好些。王道乾也带了他的四岁大女孩来，和小吉兰似的精灵灵的，极有意思（算算时间，正和他见小虎虎时相差不多）。他已有了三个小孩，和曾祺相似。还只结婚六年，再下去，可能会要有五男二女！今夜这里或者是迎接苏联首长，有百万人在街上逛，路上挤得满满的，就这么在街上挤，比白天"煮饺子"又有了进展，简直是满满的一坛什么菜！大家虽挤却十分从容，给人印象极离奇。车上也是满满的，还居多带有小孩！大厦和其他高大建筑，几几乎全都有电灯，我们住的做大盾牌式，一出外滩就可看到。从住处楼上望去，却只见一片辉煌。市声和灯光交融成一种不可形容的热闹。或许跑马厅公园中还有大灯火待放，因为里边人挤得简直满满的，和五一晚上天安门前相差不多。

宰平先生也到了这里。还没见到。曹禺也在这里。或许我有三几天是搭伴看的。

这里还有奇怪处，白天听市声，车马尽管多，却听不到什么声响，只是轰轰的。晚上却特别宏大，许多声音都不相同，差别显明，虽同样混杂，却各有节奏。水面和地上区别更大。水面上大小船舶和驳船声音又各有不同。其中还居然有一支笛子声音，是小船上来的。

街上人多虽够多，可不叫嚷，若被一只力大无比的手在转动，这只手怎么创造出来的？却又是这一些人百年劳动积累形成的。大家都静静的守住自己的份在动。在街上动是易明白的，还有长年如一的各种大小工厂，大小作坊，大小生产合作社，大小批发处，大小机器工具边,静静的数着机器的转动,数着成品的件数,由日到晚的,种类之多,可真不易设想!以苏州之小,还有近六万到十万人在动,生产些东东西西,到国内外都发生一定作用。上海之大,可能会有六十万人到一百万人参加这种生产。他们的工作,影响广大及于全国,全国的生产无疑也影响到他们,可是其中似乎极少有人在街上走时会想起这些事情。许多人特别是到处可见的家庭妇女,尽管她是大学教师也好,似乎有许多时间只想到上海市内百货公司合作社穿的、吃的和用的。在电车上我曾看见一个年轻母亲,把她四岁大的孩子也烫了头发,母女都若十分成熟,才真是一种典型的教育!在这种人群中一久,大致对女人的抒情诗将完全被淘汰了,代替他的不是别的,是"铜钿"。收入相差不太多时,就数"地位"最重要了。

凡事都在向前中,上海某种不大好的习气,似乎还待用教育来改善。这里是制造各种教育工具的地区,但是却最需要教育。这里是产生一切新东西的地区,可是许多人脑子还是旧的,且最容易滋长不好习气的。是文化市,同时也是没有使文化发生应有作用的一个城市。小一些的街上,满是小孩子。人口还在增加中。好大一个担负!新兴的城市希望不像这个样子。无怪乎上海人都欢喜到苏州去玩,两地真不相同。但是小孩子待教育,大人也待教育,却是一样。这个教育责任是十分艰巨的,要动脑子从各方面来下手才有办法的。

二哥
廿二日早发

上海

（一九五七年四月二十六日）

小妈妈：

　　早上三四点即起始听到轰轰的市声，六点起来一看，好一片阳光！完全是春天的，明朗的，快乐的，轻而软的。一切都和托尔斯太或中国词人描写到的差不多。迎阳光的万千房子，色彩也显得格外柔和。可是从树木颜色看来，快到初夏了，因为已由浅绿转成大绿。河中泊满了不知从何处来到何处去的小船。

　　我过不久就得到郊外去。要坐一小时车子，经过许多好和坏的街道，最给人印象深的是一个不好的街道，还有千百人在一个井水边打水，孩子们在泥中爬。这是过去上海的遗留，是这些人对上海有大贡献，却在一时间还不能把自己生活改变过来。或许在许多地区农村样子已全变时，这里还不免有旧东西存在，大都市四郊都必然不免如此！

　　这里有个极令人奇怪现象，是女孩子一到十四五岁，就像被烘烤逼熟的，把成婚后的女人烫发穿衣全学会了。可能这种人又已经十七八岁，总长不起来，和不健康的花一样，到了时候，勉强开放了。电车上到处可见这种人。另一种是新摩登，也多是个子小小的，总给人一种淫欲过度感。脑子里只是钱、钱、钱，虽然已不能如过去那么能得钱用钱，对于钱还是具有极大的兴趣。于书却绝对不需要。至于生活呢，和苏州许多人一样，吃零碎！永远是什么采芝香，采芝春，采芝什么忠实群众。

　　也还有一种男人，完全穿新衣（和本来身份生活都不大相合），在街上走，像外国来的，其实可是当地的什么。可能住在最好地方，也可能坐的是最新纸老虎车（开车的说美国车），这种人难于猜想，因为他们从不说话，并且很可能是刚从国外回来的！衣服不大合身，是外国缝的，还来不及换。

  这时河面真是奇观，满是小船，差不多把水道也塞住了。不能设想是那里来，又到那里去的。我还从来没有自高处俯瞰过那么多好看船只。我一见船就兴起一种情感，因为船上生活太久，种种又太熟习了。弄船人永远和陆地讨生活不同，永远从容许多，脾气也好得多。将来如有新诗人培养所，应当派到船上过一年半载，因为一面操作一面还容许思索其他事情，回忆旧的，估计新的，却和当前操作不矛盾，彼此同在而不相妨，这正是诗人必要的一种心境。其实写散文也需要。而且随同船只流动，外景变换也多。但是要到什么时候，才有人明白这可以培养诗人，或治疗诗人的用脑子方式？怕得在廿一世纪初了。那时一定还有用这种工具的人，同时也有原子船。

礼拜五早上

上海

（一九五七年四月三十日）

小妈妈：

这里报上正在"鸣"①。前天是小说家（巴金等），昨天是戏剧界（曹禺、熊佛西、李健吾、师陀），一片埋怨声。好像凡是写不出做不好都由于上头束缚限制过紧，不然会有许多好花开放！我不大明白问题，可觉得有些人提法不很公平。因为廿年前能写，也并不是说好就好的。有些人是靠小帮口而起来，不是真正靠若干作品深深的扎根于读者心中的。有些人又是搞了十多年的。如今有些人说是为行政羁绊不能从事写作，其实听他辞去一切，照过去廿年前情况来写三年五载，还是不会真正有什么好作品的。这里自然也应当还有人能写"作品"，可不一定就是"好作品"。但目下不写作品，还在领导文学，领导不出什么，却以为党帮忙不够，不大符合事实的。"鸣"总不免有些乱。如果有机会让小作家和读者鸣鸣，也会把责任转到巴金等头上来，因为他们在领导，事实上可并不曾有多少青年作家或年老作家，在领导鼓舞中动起笔来的。他们团结各方面的工作做得相当差，有些人对靳以不甚满意，有些人译过十来本书还不能入作协，有些教授也不算作家，但有些又算。其中情形相当微妙，可能有些小圈子作风。这么下去将来也会有可能形成一种新的宗派，不是以作品风格见异于人，只是以地方势力做根据，形成独占而已。这对创作的发展自然是有妨碍的，可是对于有些人，必然还以为得计。古人说"识大体"，真不容易，现在人说"整体观念"，要建立也真不简单！上海报纸上载作家鸣得

---

① 鸣，"百家争鸣"的简称。

相当热闹,真的热闹必然还在后面些,时候还未到。但是什么时候就到来?模模糊糊。真的鸣应当是各种有分量作品,诉之于万千无成见,少偏见,且不为空气控制影响的读者。但是目下这种有资格说话的读者,却无多机会说话。这个读者群应当包括教授(教这一行的)、编辑、作者和各种干部、学生、市民读者。这个群的意见,比目下少数人批评就公道正确得多!

你们刊物阵容似得重新安排一下,至少得把党员作家好好组织一下,多有点好文章,每期总有两篇较好的短篇,三四篇充满新意思的特写,才压得住。要有露面的作家名字,也要有不见经传然而风格别致的作品。这一点我认为主动找稿子的工作方法还没有好好的推进。二三十万份的代表性刊物,看稿子要有巨大眼光,组稿子也得有各方面作家信托,感觉非帮忙不可。这工作你们做得不大够。是不是还可说很不够,我可不知道了。

这里出书极多,到一个书店去,满架子是新书,问作家有什么特别引人的作品?没有。这些书经过些什么选择而印出,情形也混乱,很有些书出来一二年,无声无息的,就到特价部作二三扣出售了。还有些大本子的,书评也少提起。有的印得多,销路少,积压在架子上和库房里,摆个样子。一般印象是书出得相当乱,可不好。市场上——以戏剧而言,"济公"观众可不少。街上每天有几十万人要开心,上海这个地方必然会有许多开心的东西流行。晚上到食品公司(先施公司)去看,消费者挤到这里边有人满感。一部分人并且口中国国有声。原来什么吃的都可零包出售,所以一面走,一面看,一面吃的人就越来越多。这个大城市过去是现在依旧是有百万计的人,都不怎么用脑子想生活以外事情,而对吃穿却有浓厚兴致的。商业或文化娱乐业为适应这个要求,不断在扩大服装店、饮食店和娱乐消费节目。看到这个情景不免令人心怀杞忧。这里的讲实际会堕落人的,使崇高理想变质,而且对于许多方面起坏影响的。说真话,作家教授争的都容易从个人出发,对国家全局关心不够。是资本主义中毒极深一个地区,同时也还是小资气息浓厚的一个温室。从政治热情而言,远不如北京之纯。当然这一切也只是点点滴滴的接触，不是什么深入研究。可是础润知雨，从各方面看来，这里的人还像是有些特殊例外，和全国发展不尽合拍。或者说待教育，待好好教育，通过各种远一些的措施来改造，不然到一定时候，还会起不良作用，妨碍了国家向前。知识分子中个人主义浓厚，非知识分子得过且过毫无远大理想，这两者是主要病象。有形的租界虽已去掉了，无形的租界还存在，知识分子和许多市民都还生活到这个无形的租界里，十分习惯。报上说的国内什么什么，对于他们都可以说无多意义。他们都像是十分聪明，可是也可说相当愚蠢。特别是一些穿新衣在街上逛的年轻人，都没有性格，都莫名其妙。一部分人在日本侵占上海时，是一样的在这里悠哉游哉荡街的，所不同处是上次是他的父亲荡，现在是儿子荡罢了。其中自然也有万万千千聪明精干的人物，一出了学校就向东北西北跑的。这只限于受了好影响的学生。一般工人中也有为支援国家建设离开这个销金窝的。大知识分子习惯于这里讨生活方式的，大致都乐于在此老死不动，因为实在说来生活条件远远不同北京。找钱方法又容易，而老式自由空气却在酿、在酿。我过去不欢喜这个地方，现在还是不欢喜。

我将在这里看五一了。三号左右可能过杭州，也可能即回来，看几个同伴日程安排。

二哥

卅

上海

（一九五七年五月二日）

三姊：

　　今天到处在放假，因为昨天热闹了一整天，有的人或许还跳了半夜的舞！一半铺子都和过年一样上了铺门。我到博物馆谈了一天情况，才明白这个单位人数大得可惊，东西也收得不少，可是研究整理工作却差得很。很多人可能都宜于转到另一个机关里去干别的工作。不过到什么地方去？或者还是问题。许多人似乎都还不明白如何进行工作，减去三分之一大致还是能照常进行工作。女的人数占一半以上——七十多位，在机关干部中，实在可谓惊人。因为女的能研究的似乎只有一人，还不大明白究竟是在如何研究，最接近群众的十四个说明员，女的也占多数，工作比小学或初中教员待遇好些，工作量却不如教员之多，一天做两次说明外还可有二三小时自由读书。困难处只是不易在业务上提高。对工作倒挺热心，惟业务上领导他们的，不能如何帮助他们，因之说明工作必停顿到一点上，不容易丰富了自己知识，再来增加观众认识。这也正是各省博物馆面临现实情况，亟待改进的一个环节。故宫说明员同样碰到这种问题。虽在进行"文化教育"，作用不大。这些人亟待增加的是"文物教育"。是一系列"专题教育"。目前国内却没有可学处。有些研究人员自己就不知道如何措词才得体，自然对于说明员难于做具体帮助！补救他，或者还是部中或局中，或历史博物馆故宫博物院有几个专门名家，编成一个"机动部队"，各处轮回去考察工作，轮回去讲问题，每到一处，能留下一二星期或三五天，作三五个专题报告，对于他们工作的提高，将有显著改进。有一年时间，全国走得也差不多了，再拿所见文物知识来丰富本院本馆研究工作，对于本单位工作改进，也必然有绝大好处。我想能那么做对国家这部门向科学进军，起的好作用将是十分显明具体的。只是如何来进行，将依旧是个问题。因为部中局中几年来都不曾对于这么一种工作准备过人材，院和馆即有条件，也不曾好好培养研究工作的全面发展，因此即或只要三几个人的工作小组，到实行计划时，倒不容易组成！甚矣，人材之难得。机关中见得多、懂得多的各种专家也还有，只是对文物眼目鉴赏而已，知识局限性大。要把这些知识用三五千字作一总结概括说明，又具历史观，又能旁征博引文献，结合论述，又能具有新的见解和立场，说来轻重得体，不容易。可是我却想搞十个题目试试看。目下大约已可作五六个小专题历史的叙述，写出来不至于外行，只是待解决的却将不止十个，可能是二十个。这一环能有人，其实不止是全国博物馆说明员能得益，即省市文物研究工作者也必然有好处。因为如仅就一省一市地区材料做研究，有许多问题将永远不会明白，说不出所以然的。换言之，研究工作做不好。

目下还有另一极重要待解决的，即教书先生不搞文物，不会用文物证史，丰富历史研究或加强历史教学的说服力。几个学校教授利用文物都达不到应当有的情况，都待重新找办法！也一定要有一办法，才能配合社会发展要求，不至于让下一代学生还依旧那么对文物无知，以及先生对文物无知。

小妈妈，工作看来简直是什么都还待重新走第一步，是一种崭新的工作，走在前面的人却那么少。这比写点散文短篇故事，实在难得多，作用也大得多，要人肯担当下去。我知识也极有限，可是却明白这么做对整个文史研究工作是一种革新，是这个新社会发展一个环节。还有即从这个知识基本上，才好搞艺术史的研究，并且弄明白工艺生产中，什么是民族形式最值得取法的，可望转入新的生产，提高当前水平的东西。这里待提出的又是一系列千百种东东西西，却必须是从万千种东西中挑选出来的，也还有许多许多工作待做。能多活二十年，将可完成多少事情，将可如何切切实实的做好些事情。但是如照官看来，都不免只是"等等看吧"的等下去。有些事一等五六年，耽搁了。

这些工作不比创作,和创作有个基本不同处是:创作短篇每一次都自为起迄,都近于从新开始。正如同赛跑,你参加各种距离跑,一百米记录虽好,到五百米那一场,又得另从起点走去。不能用那次一百米的记录,而且受时间限制严。至于搞文物工艺,尽管工作千头万绪,只要能就全国材料作综合,只要看得多,材料在手边,就可以不太费力在一较短时间里,做出许多事情。过去三五十年难于见功的,现在三五年也可以完成。

这里夜一深,过了十二点,江面声音和地上车辆做成的嘈杂市声,也随同安静下来了。这时节却可以听到艒艒船摇橹荡桨咿呀声。一切都睡了,这位老兄却在活动。很有意思。可不知摇船的和过渡的心中正想些什么事情。是不是也和我那么尽做种种空想?它们的存在和大船的彼此相需的关系,代它想来也有意思。动物学中曾说到鳄鱼常张大嘴,让一种小鸟跳进口腔中去啄食齿间虫类,从来不狠心把口合拢。这种彼此互相习惯,不知从何年何时学来。这些艒艒船是何人创造的?虽那么小,那么跳动——平时没有行走,只要有小小波浪也动荡不止,可是即到大浪中也不会翻沉。因为照式样看来,是绝不至于翻沉的!

二哥

好些日子都听不成音乐了。我因出门只想坐公共车,倒认识了好几条路线和换车方法。成衣铺似乎太多了点。

青岛
（一九五七年八月十三日）

小妈妈：

　　在这小房间里，五点即起来做事，十分顺手。简直下笔如有神，头脑似乎又恢复了写《月下小景》时代，情形和近几年全不相同了。如一年有一半时间这么来使用，不知有多少东西可以写出！即或是写诗，或戏剧，也一定会有意料不到成绩。因为似乎生命全部属于自己所有，再也不必为上班或别的什么老像欠债一般，还来还去又总不会完——这里却真做到了自己充分支配自己，写什么尽管同样用力大，而相当累，躺个一天半天，又回复过来了。此后如能一年有那么三几个月的自己支配自己，可能做的事，却必然会比由公家在一定形式上支配的，多到三五倍。不过如什么事也不做，尽那么住下做"隐士"，那生命尽管再属于自己，还是近于白白费去。这里就有些人，都是从文化部系统来的，好像对书都兴趣不大，对写作简直更不会有什么兴趣，那么好天气，却四个人十分兴奋紧张的坐在麻将牌边玩了又玩，从不叫累！每天都有人玩，也轮流换人，也可能有始终不让座的。试想想，真是不可解。大致有些人照习惯极少考虑到生命使用的意义。昨晚上就大约有七个人在一起，在院子中说了两点钟笑话，如全部记下来，才真是好小说。都不像是现在文化部门中高级干部还应当说起的——几个人为模仿本地卖票的说话，就学了又学，笑了又笑。还说了些一点不可笑的，也笑了又笑。真奇怪。从不谈政治，也怪。还有人带了孩子来，劣得出奇，和小××妹妹一样，凡事总和家中人扭，吃饭从来不肯好好的，菜一来就动手抓。也是少见的典型。父母照例喊来喊去，毫无作用（虎虎等从来不会有的问题，这里都有）。分析说来，家庭还是大有关系。但是大人可从来不研究改善教育方法。大人就待教育！

徐悲鸿太太也带了两个孩子在这里，一男一女，各约十二岁上下，活泼好玩，一点不劣。一天尽在水中泡，各晒得乌黑。还有几位女士，都像经过挑选来的，穿衣如白薇的有人，形态如孙太太的有人，神情如伊湄的有人。都像不会穿衣，却有好几位穿洋服"布拉鸡"，永远皱皱的，四五天也不换。有些还似乎属于艺术部门的。怪得很。我到这里大致可算是换衣最勤的人，每天换。原因是许多人在这里"休养"，衣也不洗，多交给人洗。我倒自己动手洗。本来无一点灰尘，也少流汗，水中揉揉就成了，有阳台可晒，占时间，费劳力统不多。可是有些人像比我还不会洗衣！有些人枕头的脏，你简直不好设想。统不在乎，习惯真怕人。在一起说笑话时，简直比我三十五年前在土著部队中说的还不上篇章，真不知怎么学来的。写出来都是小说，但写出来却不像真有其事。奇怪，许多人尽管读书，书中提到的好处，可从来不起作用，起作用的却是一些最平常的生活习惯。习惯真怕人。但是一种好习惯却对人对己对国家多有用！

二哥
十三日

文章已寄出，还好，就是字太多！

青岛

（一九五七年八月二十三日）

小妈妈：

得到廿一号的信，内中有大哥和陈大章信，已看过。试分别就事说说问题。

一、大哥房子事我前曾告过他。大嫂说的"有钱"，事实不多。我们不妨即为寄二百去，也让他到六十岁有个一定住处。他在为地方做事，也出力，原住处实在极不好。

二、只要你同意，我们即捐地方五百或四百。我希望你同意，不妨即寄去。这事有好处，对人民有好处，地方有好处。过去本乡那些人，找了千千万万的钱，从来没有想到为地方做一件好事，大都是狂嫖滥赌吸鸦片烟花去。这些人都完了，现在轮到我这穷人把唯一一点钱，送给本乡本土，我觉得意思也好得很。要你同意就办吧。它还将刺激我多写些文章，为他们而写。俟我回来，再为想办法寄书报去，一定会做得很好。钱并不多，力量也有限，但是对年轻人必然能起鼓舞作用。

三、表买了自然得同意，谢谢你们！此后凡事得准时。

四、已读《文艺报》中各文，是新来的。我在这里，也做了服务员，每天下午去买报给大家看。一面在报纸边上写着："放在公共可看地方看，莫扯烂。"可是还是被人带走，或扯得稀烂。一切看发展，有些人的做人教育，大是问题。这里多有本八月号文学，当为大哥寄去。

五、这里车票得由馆中汇款来才好买，已去信请于廿五以前寄，如早于日内寄来，我就早回来几天好。我觉得早回几天也无妨。

六、有关××事，我也不记到他什么了，只觉得他始终是不大妥当一位。为人不纯，相当自私自利。看他对××、对××，都可知。过去早就感觉到，但照过去习惯，总以为一些属于私事，不宜过问。正如同我对许多人一样。自从办××那次以后，对他即很不欢喜，所以他一再来要文章，我都不热心，你总不明白。上次邀到人家处去吃饭，又劝你入民盟，我都觉得不欢迎他是对的。但现在来提意见，还是不知说什么好。据我估计，××搞的大把戏，他未必知道，因为资格不深，但小把戏拉拉人，发展组织，如何配合鸣放，必清楚有份。这也恐得待我回来，我们共同来写好了。

七、今天又作了篇文章，还好。明天抄第三次可以完成，字三千多一点。要写作，恐怕真是在人事比较少的地方，才有希望。但在这里如果依旧三人同房，还有个人吸烟，这么锻炼一个月，那可什么都是白费。谢谢这里一位干部，我一提到要写点什么，这个小房的门就打开了。以后一年中如果有三几月那么办，一定还可写得出好些东西。有一半用来写作，即写历史故事，也可完成好东西。

八、看了你说的《改选》，文字好，知道事多，恐怕表现上会有问题。一个厂子工会会到这种情形？后来写到死，也是做作的安排。似不能算对现实能起鼓舞的作品。如照我所理解社会问题而言，目下要的作品，应当是从正面写值得歌颂表扬的好人，一切从正面写。讽刺难写，易起副作用，不妥。我觉得这么写作态度不甚妥。还是一种高高在上的作法，因为即对于预备表扬的人，他也缺少爱。至于讽工会工作"找样板"，态度不好。论作用，不好（放第一篇不妥当）。你不信，等等看批评罢。

九、之琳进步如何？生活方面似乎太绅士了些。都还是没有经过生活太大苦难，生活处顺境中，生命理解也窄，对人的同情心不会高，对好和坏感触也不易深。也得慢慢教育，还得承认过去种种加于他的限制。

十、丁玲事也想不到。工作了那么久，还一切只知有己，不懂党的整体意义。不懂得如何领导，鼓励更多数熟人倾向党，更多数人拿起笔拥护党，反而在内部闹。不明白自己也还学不够，知道的事情极少。即以文学而言，当时也近于"福将"，并未甘苦备尝，底子不扎实，所以写什么，真说是每篇要像个样子，也难办到。自己根基不扎实，又不虚心谦退，还只想抓权，且闹小脾气，如何不出问题？又由于出身，对工农劳动成就，体会得似乎就还不大深！不明白党说的整体意义，是问题，居然想脱出作协，岂不是奇想？

十一、他人一切，都事事给我们以教育。要学习。照党要求于一个好党员的方面学。克服个人私心，克服个人自大，凡事识大体。"凡对党有好处就做，有损害处绝不干。"这话本来还是丁玲向我说的，我倒比较老实的做了些实践，她自己却不会用！常常想着这话行事有好处，对党好对自己也好。

十二、小龙龙这么工作学习，正是党给他的教育，对他一定有极大好处。我想有好些地方，我们也真应当向他学习。学有许多学不到处，但极明显他这么工作锻炼是极有用的。我们也得对他进行一点教育，就是做人生硬硬的，好事也不易办通。得改进！他比小平就少圆通处，可是我却也有点担心，小平受他爸爸影响如过多，将来还是不大行，那倒不如傻傻的干活好。虎虎有应向龙龙学的地方。糟的是同在一处的都像个大人，将来学生也都是大人。生活如调到第一汽车厂干一阵活，跟小丸子或许还可学些！小丸子两次得先进工作者称呼，一定不错。

十三、天气已转好，热，晴，空气明明朗朗，地无纤尘。希望本文写完后，还写个东西，约四千字，有了底。单独住下来，别的不管，脑子易得用。吃的其实不如家中好，也似乎少些。清静，空气好，帮助多。

二哥
廿三

青岛
（一九五七年八月二十六日）

兆：

　　昨到萧〔涤非〕家吃了顿晚饭，已看到小光照，和虎虎同型而略小，多了副眼镜，大学一年级生，学船舶修理，将来工作和生活，大致将长远在江边海边了。是从大连回来的。如再见到龙虎，大致统不认识了。黄西平想已见到，一定矮而微胖作广东型，相当活泼。这里票不易买，可能还只有廿九的票，才能上车，因月底有许多人争回南北。海边今年暑期不久即将算是结束，一切又将回复过去的沉静。必到明年公园花开时，才又转活泼。其实这里公园最好时光应在九十月里。

　　从报上看，上海方面还在"辩"，孙大雨等统在辩，可惜不易见到发言记载。北京开会时，一定也可以听到许多不上报的知识。政协或作协文代大会，一定还有重点的事在会上学习也。事发展到冬天，真不易设想。

　　大哥处说为地方学校捐款事，只管及早寄去，不要紧，他也到六十岁了，为地方做事日子不多，能看到民办中学起来，算是一生快乐事。党在各方面都鼓励人来做这件事，最大数目当然在民资多余利润（本地不会多），其次是华侨，本地更不会有。目下仅有希望大致还是一些在外工作的人，和地方热心者，所谓集腋成裘，不能如上海广东之一手可成，但还是得办，不然也是社会上一问题，政协会上即早就讨论到。将来如有钱，还是得学你爸爸①，办法还是正确的，你们

---

① 张兆和的父亲张冀牖，五四运动后由合肥迁居苏州，不久独资创办了苏州乐益女中。

种种也还是得到爸爸好处。许多对人民有益的事,要从看不见处去做,才真是尽心,从种种好的方面来学做一个后备党员,也是对的。做人和写文章一样,得不断的改,总会改好的。热心而素朴的做去,对事也有好处。到处事情都待人这么努力!国家只能把握大处,小事万千项,都要在破除保守思想上加以推进,用成绩带动其他。

艺术和文物部门,研究工作极薄弱,还有抱虚无主义态度老一套摘他自己东西,却又拿那个来教人的。还有的主持生产的水平十分低,有技术而很不艺术,孔代表也还尽多,教授之无识,有出人意外的,生产出的东西,教出来的学生,当然都不大能符合新社会要求,完成不了新任务。水平低,如何能有创造性成就?有些部门且拖着向前的,无从向前。影响大。许许多多都是要从具体长期扎实努力才能改进的,而不可能希望从一运动来改变的。如薰栞等,目前教育批评有必要,以后更重要还是要那些教书的好好学习,研究生好好学习。不然哪像个高等工艺学校?××不肯踏实工作,被他们利用糊糊涂涂搞在一起,可惜。早就一再告他要从学习入手,再来说著作,才有可能。他们却妄想二年写工艺图案史骗人。××做"军师",日来不知进行批评到如何程度。也是聪明误用,善自处,实在还是得不到大处。院中应当热心处——如为教学搞材料,兴趣总不怎么高,搞人事却充满兴味。学习又抓不紧,只抄马列文章附会,而不肯在所教本题上广泛找材料学习,因之写出来的东西,批评不得。×××一谈工艺总是他是在讲学术,用来骗人,其实知道的极皮毛,居多简直无知,就那么唬过去,长久如何能唬人?即能唬下去,也只是更加耽误事情。其实好几位教员得重新学习基本业务一二年才有资格教人的。不改进,影响最大的还不是北京,主要还是毕业学生分布到国内,教学能力水平极低,搞文化艺术干部工作,做的东东西西都很不美,搞工艺生产,还是半殖民化的精神,不中不西的。

这里又落了雨,两天中大致又出门不得,只好看书了。还写成了篇文章,再抄一次即可脱稿了,字约三千多一点,还有内容。在这里住下,写什么似乎亦落笔,易设想,脑子也似乎恢复了过二十多年前写《月下小景》情形，人比较聪敏了好些。如写中篇，易构思。可能是海上空气究竟不大同，或比较适合于我体力。在北京生活方式似乎安排得不大得当。忙而无功，细碎而不集中，但是真正还是得到许多知识。如关闭到这个海边一小房子中，知道的还是太少，只能用来消化知识有所创作，若无原料，在此住下来还是干巴巴的，有些人恐怕正因为在这里，变成极可笑闭塞情形的。

曾和萧先生去看看老约翰（赵太侔），头已全白，独自住在学校宿舍里，房子中倒收拾得比其他讲究得多，在教点英文，人倒胖胖的和丁差不多。他儿子在东北病还不能教书，比废名还坏。也真糟，年纪轻轻的却这么不幸！耀平的上司林××果然已露头角。这人和我在上海一处视察，样子就张扬不本分，不像个有学问的人，相反和个上海商人差不多。正如谭惕吾，给我印象即不好，一看就像个只想兴风作浪的小政客，又没有什么知识本领，我还奇怪怎么这些人都是人民代表？

见之琳等发言，前一部分很好，后部分似不深刻。老舍有段在《文艺报》的自白，不好，有自夸处，特别是谈到在重庆时事。是否有人正在提起他？他以为自己很写了不少。其实他的位置，不只是自己肯写写即成，主要还是帮助鼓励同道的都肯写，主要在帮同党做团结作家工作，鼓舞工作，目下还有许多作家不算接近党，写作或研究工作都不能说有充分力量用出，他有责任在这方面做点工作，正如同丁玲在党内作家应做而未做的一样。这方面靳以巴金态度倒踏实一些，工作也做得好一些。总之，作家彼此间有些关系，还是不甚正常，是问题。也许有好些事我们都还不懂！

八大处

（一九五八年六月第一信）

三三：

我十点多就到了长安寺。翻翻箱子，才知道把今天出版一张关于我们这次访问的报纸忘记带来了，载了许多诗，不知是光明还是人民报，上面有许多诗、画，盼望找找寄给我。很有用处。

住处只有两个人，院中清静之至。如长住下去，简直成了半个和尚。大致也不太相宜。白天院中只闻各种鸟叫，清晨一定更加好。房子很明亮，虽当西晒，可是阳光斜，并不热。院内外树木清清爽爽。躺了三五小时后，头脑也清爽多了。今天看看书，酝酿一番，拟明早动手。地方一清静，时间就显得长了些，看书也容易记忆理解。书已带够。

带得有一盒方糖，和一盒奶粉，奶粉试试，味道极好。早晚吃的还好，也可用"清爽"二字包括。

我看看自己写的张八砦和天安门、颐和园，看得出像还能写动人小品。但是目下写作方法似乎缚住了手中这只笔，不大好使用。未用它前得先考虑写的是否真，再考虑读者、自己兴趣、文字，放在第四五以后，写出来不可免会见得板板的，或者简直就写不下去[1]。写的方法得重新研究一下，不然又会要在大编辑法眼中报废。读者和编者要求支配作者向浅处写，一时还不能习惯。

来这里方便，坐车到西直门，从市场前第三路车站，一毛三分即可到，到后出城门口，即换另一直达八大处车，四十分钟到站。到站

---

[1] 指《管木料场的几个青年》一文。沈从文6月曾第三次被组织去十三陵水库工地访问，后被安排到八大处长安寺文联休养所写报导，因不擅长时政写作而感困惑。

向左走，不多远即到达。到达庙中时直往里走不必问谁，到大白皮松院子时，一看四号房，就可进去。两个院子空空的，可惜，还得利用才合。

八大处
（一九五八年六月第二信）

三三：

昨天一夜在迷糊中过去。被如驼毛，重而不暖，微有腥气。幸只醒一回，看看书，再睡，一醒已五时，满院明亮亮矣。

早间到第二处松林中坐坐，看看大红鱼。明天将到三四处。闻骆宾基在六处住，地方好，不怎么方便。

可能是吃菜过咸，早上稀饭又有碱，头不好受。得改变吃法，不然在山上住一礼拜，必然会回复到二月前情形。药已完，明日将去附近亚洲医院问问可否弄点药。希望可以得到。早上稀饭有碱，中晚菜过咸，都不相宜。今天中上还吃饼（脂油饼），不大好办。

这里照某一意义说来十分清静，照另一意义，也不清静，因为本院有收音机，什么都放。半山上有个住处，也大声放出各种调调，"与民同乐"，我这个公民一时可还难适应。耳中只是呱呱唧唧，无从抵抗。虽然院子中还是鸟雀欢呼，"闹中有静"。不过"静中有闹"事，久住下来，头脑可不易招架。

隔壁住一八一片厂同志，即近代雪人的发现者，因摔伤在此养病，由朝鲜到西藏都相当熟，说的故事实在动人之至。听来真是"胜读十年书"。说曾在中印边上发现一个千百年前被消灭了的古国[①]，真正如一新天方夜谭。看了些照片，动人得很，因为宫殿中的壁画、城堡、军器库的武器……无一不还保存在那里。一个孤立的城堡，四周数十

[①] 被消灭了的古国，指古格王国，其王为藏王朗达玛后裔之一支，于公元9世纪兴起，17世纪被拉达克灭。

里渺无人烟，上面是王宫，中部也是宫殿和武库……下层有各种住宅，一切如中世纪原状。由中部到顶上全靠内中一个隧道。精美壁画有各种乐舞。一共可容几千人驻扎。兵器甲胄还放光，可是一触手，丝布部分即成灰尘。刀多土耳其式。东西多封存于各个专室中，即封存年月也至少有了三四百年。或者还早得多（传说为隋唐间不大可信）！还有许许多多洞窟通未打开过。人们从来也不知道，因为由新疆去还得四十八天骆驼和七八天骑马，爬过六七千公尺高山。据说许多好身体的人过山时也忽然死去。飞机也去不了。一切和天方夜谭差不多。他们到了两个月，因为不明白年代，不好动手，只照了个纪录片，不久或可公开。看到那些照相，令人想起《章西女皇》。藏边这一位宫殿可壮伟得多。传闻当时那皇帝是被杀因而全部灭亡的。今后可能还可发现那国王尸身。因另一洞已发现上千被杀俘虏，都如人腊，好好保存在一洞窟中。

中国地方太大了，还有许多想不到的事情，存在于角角落落中。

另外还听了许多新疆西藏故事，也极有意义，亲切感人。

住处一切都好，只是饮食不适应，是小问题。小合作社有苹果可买，比城中还稍好。也有其他东西。夜中怕有不方便处，买了洋烛一支，自来火一匣，如在风雨中半夜起床上茅房，不免狼狈。

灯光极亮，晚上还可移往床边。

同住中有工作到十二点的。定和在此一定大家有说有笑。

睡到早上总是还好，不过不到六点，广播新闻就来了，而且来自山上，清清楚楚的，使你不能不起床。现在将近七点，声正热烈，可听不出是说什么。总之，在半山上传来，不大调和似的。但是，"在乡从俗"，还是好的。我想今天爬到五处以上去看看。画几张画。

晚上迷糊中，比任秋月故事还乱乱的在脑子中转。初步明白和每天吃下的东西关系密切。一出来，稀饭也不可能如家中方便了。

出得门来，才知道有好几处在放彭俐侬骂蒋世隆，更远处是射击场，想不到深山中这么热闹，真想不到。早上天气较冷，棉背心加上瘪三外衣，恰到好处。

已跑六处,以六处的香界寺最好。作协休养所在那里。

十二时　八大处长安寺文联四号房间

八大处
（一九五八年六月第三信）

三三：

今天上午想走走，就上了山，到十分之七八，达到第六处"香界寺"，算是目下修得最费最讲究的一处，许多北京市中教员在那里休养，坐在明晃晃的房中看书。正西只差一个宝珠洞未爬上。偏西北还有第八处未到。作协住处在八处，闻骆宾基在那里写作，明后天我或者可去看看。本院同住四位今天都下山去"务虚"去了，大院子中十多个房间只剩下我一个人，《聊斋志异》中故事人物必然要在梦寐中发生作用，不免要受一点考验。风已全停，小松子落地也听得清清楚楚。真静！

下午四点左右，忽然来了一群年纪青青的人，又不像小学教员，又不像干部，各人手中拿了个新苍蝇拍子，快快乐乐的"撞"进院子，停在院玩了一阵，问问，才知道原来是附近工人疗养院来的队伍。人来得那么多，天气又还早，当然无可打的。结果几十人嘻嘻哈哈相互追逐，各在背上拍着玩了一阵，才走去了。男女都有，如虎虎相差不多，极有意思。我问他们，来的可都是劳模？弄得他们大笑。其实是不是劳模无妨，都很可爱。来的可以说完全从主观愿望出发，如有些了解，这里住下许多会唱歌的，来请这边的人教两个歌，倒可半天解决。

今天起始吃淡的，受用得多。这里交通方便，玩的人可并不多。走完八处很要点脚力，路是老式山石块路，上下都相当吃力。好几处庙子小小的，实在没有什么可玩，有的还住下些家眷，和小家庭隐士一般。现在各处都在大修建中，涂金绘彩，弄得亮堂堂的，但并不是极美观的。二处还有个什么佛牙塔在兴工。地方离亚洲学生疗养院极近，东南亚有许许多多学生，见佛即拜，把庙宇打扮起来也有政治意义。只是画得怪不好看还是一个问题。第四处名叫大悲寺，是万历廿七年王娘娘修的，房子小而精巧，雕像也好。六处名香界寺，属北京市教员休养所，金部过百间房子都金漆彩绘得花花绿绿的。房子本来也极好，只是新得个不成形，人住其中一点不调和，远不如南方园子的素朴美观。无怪乎外来搞艺术的，对于北方园林兴趣不大，而对南方园林特别抱有好感，装饰的技术关系必相当大。

就一般条件说，长安寺还是好的。院子朗敞，树木大。去车站近，方便。只是在山脚平地，人说开门见山，这里开门见沟，一道干河沟而已。这里有电话，在住处隔壁房间：八局〇四三一（系香山总机）转二四五。使用方便，如向外叫，只拨一个〇字，再拨本来号就成了。

从下午起已无风，天必转热。鸟雀益多。但上山时常常见有打麻雀的枪手。成群麻雀的确已少见。满地是大黑蚂蚁，就不出城的北京人说来，还是新事。小蛮、黑妮似乎就还少见到这种活动生物！

礼拜五　八大处长安寺第三

杭州

（一九五八年八月二十五日）

三三：

　　你不易想象我现在情形。这时正五点半，我坐在博物馆门前一个石条子上，按着纸在小箱上写它。面前六尺即西湖一片碧波，一点风浪没有，只间或有鱼拨刺。附近已有二三人在捞鱼（可能应当叫做偷鱼），各处是鸟叫。天已放晴。远处云水在有无间。一切很好，把昨晚上在车站过夜的狼狈处也忘了。已有公共汽车通过，我就是花一角二分从车站上坐来的。

　　依旧不免有点乡巴佬处，即来得过早，还得和三顾茅庐一样，等在门边，到六点以后才会有"童子"开门！我已听到咳嗽声，守门童子像是七十来岁的人了。他还像明白有人在相候，有意打了个长长的哈欠。湖中已有人坐船游湖。三潭印月相去不多远（从这里过去比漪澜堂到五龙亭近好些），杨柳已有落叶，石堤上干净得很。到了你应当退休时，例如老到写回忆录时，我们到这里来找个房子住，你一定同意。沿湖马路我三十年前印象中是不大平顺的，当时似乎只有人力车可坐，由旗下来岳坟，一坐半天，倒不如坐船省事，可是船得一元左右。现在宽坦平敞，一切和画里一样。最特别处是干净、清静。我和《儒林外史》中的角色一样，手提一箱一囊来游湖，真正是一个人游！

　　有一个人比我早，即一个白胡子钓鱼老头，从钓竿和鱼篓式样，知道他是内行，必常年大清早就来到了湖边。也知道是钓鱼不是偷鱼。这时正有六只船在三潭印月前通过，情形极别致。湖西极静，因此远远的说话都十分清楚。

　　还有更近乎乡巴佬处，即"博物馆"可能弄错了，来到的是西湖博物馆,不是浙江博物馆。等等那七十岁老童子起身时就明白了,好在公共汽车站就在面前。

八月廿五早五点三刻

杭州

（一九五八年八月二十六日）

三姐：

 已经九点钟了，好冷清。看博物馆的可能还不到廿个人。湖上游船也多空着在堤岸边，听湖水啮着船边，我们选的地方似乎太"雅"了，来湖中玩的，又多是看"西湖十景"而来的。我到岳庙时还看到一个中年老太太爬着磕头，心中说不定还许了个愿呢！总之，调子特别，和展览会可不大适宜。如有五十人在这里作昆曲比赛，是有意义起作用的。搞展出，不大适合。要起作用得下工厂去。工厂恰在市区，将来也许得下厂。

 湖面这时还不过三四只船来去。

 在图书馆俞楼附近，还开了两家大馆子，一即"楼外楼"，一为"太和园"，规模都相当大，而且装扮得金漆煌煌的。可是生意怕不怎么好，也不可能好。玩的人实在都不大讲口味，因为成分全变了。来的干部居多数。岳坟前那个叫"西湖楼"。即办包饭生意也不会太好，因为住在附近人数究竟有限。

 馆中有四十位工作人员，每天观众可能不到三百。内中东西倒不少。

 划船的因无生意，有从后湖装载了大堆莲蓬过旗下的。这里莲蓬大而好。产地集中在后湖一带。至于"曲院风荷"，可并无一株荷花，只有一个石刻门额四字，让人知道这是旧西湖十景之一而已。

 博物馆忽然唱起京戏播音，可是更加寂静，情调也大不相称。

 交通倒方便，由车站直达，只一角二分。再过去岳坟，直到灵隐，来去车不少，车也极清洁。从一些小街过身时，小街小巷都特别干净，比苏州好得多。

 许多干部模样的人多手抱小孩。也有像度蜜月样子的，走路特别慢，但是安知其中没有唐祈？也间或有个把三轮，因无主顾，就按着喇叭走过。孤山后湖各地，园林培养很费了点心，也搞得比北京公园好。哈同花园本来是艺术学院，已改成了浙大宿舍，因此堤上到处是小孩子。在俞楼附近，又还有个儿童乐园。其实整个就是花园！

也还有人在苏小墓前指指点点，可是摇头摆脑会读那些亭子石柱上刻的对联诗句的已不多。字句已不容易懂，何况还是篆隶书！西泠印社还在那里，还有许多篆隶对联诗句，可是引人注意却是兼卖汽水冰棒。

图书馆还在原地，读旧书的人恐更少。外堤那一边有许多疗养所，住下来大致也会觉得寂寞，因为除了山水，别的什么也没有，许多人会受不了的。

科学院有个分院在断桥边上，倒比较合题。因为科学研究得思索问题。

许多人都长得和金隄差不多。工人也斯斯文文。水上工作用力不大，更见得从容。气候如北京九十月，据说在西湖夏天也不多是这样。北来的人沾了光。车站上办事的倒是大跃进，比北京好。

西湖将来最有希望，可能还是四山全种龙井茶，生产可供全国。

杭州穿衣不讲究，大致是活用钱不会如北京之多，因此市面看不出像北京的活泼，除了车站，其他都静静的。不过城市中人虽穿得不怎么突出，乡村中人却多干干净净。平均了。

中上到太和园吃青鱼划水，只三毛五一份，可抵北京一元量。只是饭粒和子弹差不多，只好换馒头，馒头黑乎乎的。到了馆子才知道已平民化，一般只三毛七一份。馒头一个三分，约比鸡蛋大一倍。

工作已商量好，用四天时间突击。柜子比北京的还好，房子也极好。就只是地方偏僻幽静，不容易招观众。将来如展出，也许得向百货公司想办法。一天保有大几千人观光。

这里虽是一个大花园，而且事实上堤路上比公园里好。可是大约因为习惯，汽车站恰恰停在中山公园门前，因此游人一下车必向园中走。每天可能有过千游客。门前有点和排云殿相似，从门里座椅上可望到门外那一片湖水。水比昆明池好些，或者因为对面有一片山绿芜照眼。山再向左才是南屏晚钟和雷峰夕照，远远的只见一堆堆树、一所所房屋而已。

公园是原来行宫一部分，所以规模还好。现在房子并不多，树木长得茂盛，顶即孤山，但放鹤亭可在另一小山头。里边也照例有照相的，有糖果摊子，糖果也大众化，无什么出奇引人的。约有卅个卧式糖果罐，和北京一样。不如采芝斋见地方性格。到处有绸伞，花花绿绿的，本地人决不会买。只偶一外来人买纪念品注意到，可是各旅行社也有卖的，可能还更好！

　　西湖好处大致是欲雨不雨澹烟模糊，十分柔和景象。我已看了半天，每天看可能就平常了。到这里玩的本地人，像没有一个人感觉到它的好处。

　　晚上许钦文邀至楼外楼吃了顿待外宾的醋溜鱼，只一条子似的八寸长青鱼，蒸后加料，名不虚传，可是大致得一元多。

　　晚上（廿六）睡不大好，因为太静，一过汽车即震天价响。有蚊子也有蝙蝠，房中有蝙蝠飞来飞去，你能想得出不免相当紧张！但无疑吃了不少蚊子。

　　工作箱子半天工夫已布置好，今天即着手布置材料，大致三天能赶出来的。房间极明亮。

苏州

（一九五八年九月二十六日）

三三：

衣已收到，饭得用。鞋已包好即寄来，究竟省事，落雨得用。空花鞋已不成。连日晴明，早晚已多秋意。全市在为钢铁生产日夜工作，孝华夫妇均日夜不休息，在带学生拆城作高炉出铁。你妈妈则为本地方博物馆事各处奔走，今天已预展，在孔庙。学校铁炉也在那边，今天当可全参观到。新的孔夫子学生却在大成殿旁搞炉子，火光熊熊！孩子们都极瘦，听高干说"米不够吃"，大致油水过少，小家伙只十来岁，份上只廿斤，月卅斤粮食也不够。二人月共约百三十多元，房租有三十六元，合计约百六十多元，可是八个人吃饭，还得付奶妈工钱廿，二表姑的犹姨太十元，最小一个孩子又刚断奶，因此必然生活格外紧张。我可能把粮票给他们买廿斤粮食。

我们杭州东西未寄到，还不忙，不免令人着急，怕一搁十天八天！明后天可能即得赶工。但十月节日展出，恐已无望，因至少总得三五天布置也。昨过沧浪亭，是从乌鹊桥直向前走，再转右，沿小河走到的。记得我们十多年前在那小河边还照过些相片。那地方正值学生运砖，三四只船上全是中学生叫叫闹闹的传递砖石，延长将一里路。问问才知是十三中学女孩子。全市学生都为这一事件忙着，已不上课，大家正在拆城墙，日夜作。伟大之至。如会画，必可画成极感人景象。到沧浪亭正值另一处放悲多汶音乐，想起全国人力的在节奏的动，毛主席才真是伟大音乐家！面前一个小孩不过十一岁，搬了五斤来重砖，额上小汗直流，还是笑。小迪子等孩子们挑挑抬抬，还一面直嚷号子。

见报上有"干部劳动决议"，我们将来一定也要参加生产，但不知到那部门去。北京这些日子学校工厂也一定搞得热火朝天，孩子们大致是更忙，学的事物完全对了。闻小平一号结婚，是不是？头巾衣料如寄到，正好送她一件。你们刊物如何？上海《萌芽》编辑工作已下乡，《北京文艺》大致以后也得在工厂中编辑。这里书店刊物销路似不到应有的好。学校机关可能都有文学刊物，个人怕极少买它。有个文联，不怎么热闹，因为美术工作即不注意到直接参加生产的艺人，还是少数画家，方法上大致也得改了。画家一部分已参加扇子丝绣生产设计，却总不如单独作画有名声，习惯所成，不改不能适合新社会。事实上美联却应当以参加实用艺术生产的艺人作中心，才合新社会要求的。今天已廿六，北京方面必为这个大跃进节日而忙得可观。你妈妈正为招待我过节在买菜，荤菜不易得（其实有新鲜毛豆菱角已很不错了），可能会用罐头来请客的。这地方照规矩东西多先卖机关、食堂、店铺，最后才轮到市民。有的人家必半夜去等待三五小时，才得到一点点肉。街上还有不少乡下人卖毛豆和菱角的（玄妙观前也还有二三讨饭人）。机关干部学校师生都在搞炉子出铁。商店干部下田或转工作后，就用家庭妇女学管生意，也做得挺好。

二哥

廿六日午

苏州

（一九五八年十月十日）

三三：

今天已十号，大致再过一礼拜，我若不返南京展出，即已回转北京了。前两天这里请我在拙政园吃了一顿饭，昨天又有人请到据说最好馆子吃了一回便饭。照我印象说来，一切也是甜甜的，似乎还不如王嫂艺术高明！买了一双廿三元皮鞋，很合式。为小五哥孩子们买六磅鱼肝油，"麦精"和清油各一半，孩子们每顿各灌一羹匙，极有趣。小迪子在这里也通夜运煤，精神倒挺好，只是太小了一点。孝华又去学习，有一礼拜不回来。你妈妈处将为买几个罐头或别的，她每天自做一顿饭，在楼上，精神还好（还似乎听到哼哼昆曲），只是孤零零的，只盼望宁和[①]一个信，且希望知道他通信处。这里全市大致都在搞钢铁，同你妈妈在文管会同事的老太太，年纪已过六十，也三天一班去炼铁做杂事，报纸上新闻，也只是彼此数字。每天都有一队队化装青年男女敲锣击鼓到玄妙观，一会会又走去，可能是演小戏的。

街上买包子面食多排长长队伍，糖果则不那么挤。人多极瘦。见来参观的人，总说刚不久下夜班或即将上夜班。天气不问阴晴，总是润润的，园子中草木特别清润，玩的人少极，荷叶还长得甚好，花已零落。学校多还不上课，各在争"卫星"。小迪子一家已吃公社饭，带回家吃。家中孩子们倒充满生气，从不打吵，说说即蹦蹦跳。

高干干母女日子过得还好，一家特别干净。

玄妙观前大街，卖吃食的铺子虽已不如前年之多，但比起其他店

[①] 宁和，张兆和最小的弟弟张宁和，在比利时定居。

户还是占第一位。买了几把黄杨木小梳子可送人,这里这些日常用品,还是做得比北方精而且贱。

二哥
十日

我估计可能在十五返京上车。还得过上海,带一值六千瓷器,再由申上车。

南京
（一九五八年十一月五日）

三三：

　　天气极好，草木虽摇落加剧，日日满地黄叶，可是空气润泽清明，景物萧疏，到处如画。住处在一小楼上，楼前有六扇大玻窗，窗外隔一路是个大操坪，早六点除有人上操外，还有各式广播，声音宏大如室中听收音机。这时正是下午四点半，阳光从一丛法国梧桐树影中滤过，从大玻窗照入，满室透明。大操坪远处，正有人在试车。年青人喊天喊地。对着我窗口附近，还另外有六七十个女中学生在上操，成排立定，到教练呼唤某一姓名时，即有一人走出做五十米低栏表演，在旁的即笑着助兴，一切正和三十年前中公你们上操时相差不多。（很奇怪，我总是这么孤独的在一旁看人上操！）

　　这里展出陈列室情形甚好。比苏州热闹，有三个房间，就在住处附近不多远，也是大操坪边上。来的人除生产有关方面，还有军人不少，为他们作说明，听来甚感兴趣。三个月来我没有离开陈列室过一天，今天却不能不在住处房中睡睡了。可能即因为几月中没有休息，吃的东西也不大顺，今日去校医处看看，才知道血压已上升到一定程度，又必须吃利血平了。医生说已到二百，我倒不甚觉得重，只是眼涩腰不受用，还以为累了一些所致。目下同时胃也出了点毛病，禁止吃茶，已吃药。不是溃疡，说是消化不良的痉挛痛。本来出外吃东西，因此一来，还是只好打扰学校送面来吃了。面还烂，只是略咸一些，胃我估计一二天就会好。至于血压，大致回来再斟酌，一做事，事一做久做多，必然要上升。不做事又不成。只希望事情简单一些，或者可以多作几年。如能做半天，也许有转机，全天怕已不大成，因业务外还有一些学习，一些别的会，体力恐已不易支持。这几月出外虽累极，由于工作比较单纯，还支付得过去，但到一定时候，还是不可免得躺下了。目前人并不怎么难过。

这里可以看隔天北京报。本市报地方新闻多。也有好些剧院，听说大会堂正在演无锡戏极好，没有时间去看。离住处约家中去"红星"远即有公共汽车。约半里远有一邮局，卖书处似不如东单邮局大，《人民文学》不曾见到。住处大操坪四周，有专校三四处，极少见到学生肘夹刊物的，可知文学气氛不厚。书报处人围着，多看画报。苏杭情形正相同。此后刊物可能将还要改成有些画才能引人兴趣。照一般水平说来，刊物还是深了些，和多数人要求不合。此后中学生将不会有过去那么多人读文学刊物的。

南京天气正好，平时中午还不必穿大衣，早晚穿夹大衣正合式。我还不曾上过热闹大街，也不曾去过夫子庙和中山陵，住处离玄武湖较近，去看过一次，很好。这里每早晚除了可听宏大声音广播，还可听到几次军号声，这是北京不易听到的。一听到军号声，极易引起一种少年时痛苦生活回想，一种四十年前穷病景象的回复，对目前存在不免感到惊奇。

我想一礼拜后回来。如不过上海，大致可以成行。回来后希望能休息休息。

孩子们想必忙得极兴奋。

二哥
五日

南京
（一九五八年十一月十八日）

三三：

　　因为这里东西无人照料，我只有在廿结束后再做回来计了，可能在廿三左右能上路。这次展出约八九千人看到，一般印象还好，批评中特别满意"说明员"的热心细致工作态度。也有些外来观众大模大样的派头，我为说明，他像是感到是麻烦的。还居然有个穿着整齐科级人物，向我吹"到过北京。故宫什么都没有，原来通搬到颐和园去了。颐和园另有一个王宫"，我也只有笑笑的说是、是。这人料不到我就是从北京故宫来的。总之什么人都有，很多人问我要看僵尸，原来这里曾陈列过一具明代尸身，作为敛钱工具，是解放前的，前几年还陈列。正如许多人到故宫只看金銮宝殿一样，必然有的事。各生产单位的人已来过几次，我今天去看生产厂子，有二天各处走走。

　　茶叶已得到。天气日冷，衣通上了身，还不大济事，好在过三几天就得回来了。

　　泻过一回。心脏不大好，晚上蚊子太多，烧去香廿盘，另外还打滴滴涕，这个"四无区"蚊子还是不饶人不留情的来进攻。好在再过三几天总可免了。

二哥
十八

汉口
（一九六〇年三月三日）

三姊：

　　病可好了？我有点担心。主要是你不会注意到体力担负，和年龄影响。上午我们看了大桥，真正是伟大之至。恰值两列火车通过，火车也显得相对小了。闻南京桥已在筹备，约三倍大，这里桥墩高达八十公尺，南京可能还要高，但新技术将简化工程一些。下午将看本市建设十年展。看大桥后即去黄鹤楼旧址看看，已一坦平，闻不久将另建一新楼在龟山上，用宋代图样施工。又至市中绕行一圈，大汽车极舒适。桥客室和纪念堂比较北京新建筑来，显得朴素了些，也不大美观，不大精致，惟伟大桥身实惊人。桥栏花不俗，也可以再好一些。到南京桥进行时，我将建议挑最好看的来作，有意义。有了北京十大建筑经验，我们今后搞美术设计的会懂得多了一些。其实如善于古为今用，就未免太方便了，简直可以说要怎么好就怎么好。可惜你这次不能来，来时真方便，可看多少好东西！

　　住处名璇宫，似乎正是解放前美军一次大胡闹糟蹋了许多人的地方。附近建筑还是旧日的样子，让我想起廿八九年前到武汉时许多事情。天气落小雨，衣恰恰合式，许多人都带伞，队伍中似乎有个唱小河淌水的王什么，似方令孺小一号，不知对不对。

二哥
三日下午二时

（我们将住至十号才去丹江口）

汉口

（一九六〇年三月六日）

三姊：

　　昨天看了重机床厂，轻机床厂，学了许多东西，一生受益。也才明白孩子们在怎么工作。作一个模范，不容易！轻机床厂是廿六个修配锁钥担子合作作起来的，现在能作十吨焖纸浆的设备，另作四十吨的，大部分是小啃大，在极简陋茅棚棚里作。大厂房也在建，有百分六十是女徒弟。发展到了二千多人，即汉江机器厂，弟弟一定知道。大厂子有上万人，将造廿五米立式车床，闻是世界上大件机，有五层楼高，值三千万元，也能造！晚上看著名的陈伯华《杏元和番》，坐一排，琴音吵了些，可是唱做还是第一等。今天看武钢一整天。这次参观组织得极好，比过去许多回有条理，不费，不过累。头不晕重，只是走路似乎多了些，腰有点不受用，无妨碍，少吃点东西，一定即好了。地方箱子不怎么好，皮鞋不如苏州，轻工业日用品不怎么好（比京差得多），凡事都有，惟消费品一般性的市场比较好。街上有无轨电车过江，站上人绝大多数穿蓝青，花布女衣并不多。戏院中还多少有点古风，有上百顽童挤了进来活动，曳幕角看内部"西洋景"，正和我们十来岁时差不多。街上人还是极多。新街房子还有些旧的，工厂区已是一色新五四层房子。武钢有十万职工，并家属将到卅万人，全是新的住处，照面积规模说将有五个汽车厂大，有十多个弟弟所在第一机床厂大，那里附属机厂车间，即占地二万平方米。我们上午看一二高炉，在周围绕了二小时，又看中国最大炼焦炉，一切自动化，大吊车能起四百吨机器和东西。下午看炼钢，一出锅即二百五十吨，浇铸到长条模子里三吨一件，十二吨一车，一桶钢即可倒成八十多锭，有一长长列车！大炉前工人比机器厂工人更辛苦伟大。也看了一点多钟。厂子离武汉一小时汽车，所以中饭也是那边吃的。正值雨后，工地全是泥浆，可是老头子们通不觉为难。我们还爬到高炉半腰去看，只听到声如百雷齐鸣，有千百大小管子冒烟泄气放水，如小孩子老太太初初来到这么一个地方，真会惊倒的。因为比什么都奇怪。可是这些东东西西我们工人一学即会，更新的两座高炉，明年就将全由自己完成。一个高百米，用砖到七十万的大烟筒，先是三月作好，后来改卅三天，苏联朋友已惊为奇迹，现在十二日也作好了。许多事都只有眼见才明白一些些，你可惜这次不能来，希望五月后去宣化，应当争取去看看，那里只及武钢五分之二，事实上还不到，但一定也相当可观！

看大厂固然令人惊心动魄，但是如像昨天看的江汉机器厂，千百女工人在一些烂砖污泥中用小小车刀车十来吨的大转轴，还在自作五米车床，更是令人感动！今天已六号，明天我们或去武大。

二哥

六号晚上

这里灯光不大亮，街上日光灯也像不怎亮。

汉口
（一九六〇年三月九日）

三姊：

　　今天九号，到武大附近东湖玩了半天，好极了，凡看到的无一不说好。玉兰正开，绿杨如丝，水中全是野鸭子，湖边花木建筑都好看，比画还好，因为视野开阔！距抗战那年住湖边已二十多年了，原来住的那个地方方向也迷失了。武大有二千人，但是新起的华中工学院却有七千人，校舍也极好。今天上午看了个捷克为协助的锅炉厂，设备崭新，房架秀气干净，比武钢漂亮得多。守在机床边的全和虎虎大小年纪，且有不少女的，也有一身是油的。（和龙龙一样，头发大致还是剃光经济！）这几天看了这种年青工人大几万，深一层明白作红旗手或劳模通不简单，也深一层理解孩子们对于工作之热忱为合理。国家能站得起来，全靠这个基本队伍的努力，是主要基础！昨到一厂，还有八九个一组的乐队（中有一戴近视镜子如宁和的）在厂门前奏乐欢迎，乐不成腔，可更加令我们感动，因为全厂是通过他们双手建立起来的！

　　还看了一次极好的"楚剧"，湖北花灯戏，高明得很。只约百四十人的小礼堂看，众口称赞"好"。

　　我们十号（明早）七点半出发，去丹江口，相当远，十八号上北行车，或者十九号晚九点可到家，这是他们现在说的。日期不改，即这么了。身体还好，血压高一百八，低九十，不难受，由于不大用脑子，只是一天随大队各处转动而已。看了许多，长了不少见识。

二哥
九号下八时

丹江

（一九六〇年三月十四日）

三姊：

　　昨天坐了一天车，到达丹江工地，路上杨柳杏花多已极盛，惟寒潮忽临，沿路大雪，景象奇极。农作物中油菜正开花，必受较大损害。今天上午看了十万人在紧张施工的现场，规模比三门峡还大，发电九十万千瓦，半人力半机械化，全是年青人在劳动，分成几个师工作。我们上到目前已部分浇好的坝基上去，看河床正在作主坝基的上万工人，到处轰隆作响，另一面流水汹涌，有千百运输船只在搬料运物，真正是伟大之至。场面比起十三陵水库加三倍多，水流却大得无可比方，因为发电量将供给四川、湖南、河南、湖北四省，储水到三百亿立方，灌田到五千万亩，却只用三年不到即全部完成！还将有百亿立方水北调到黄河。作总书记的也不过四十来岁。这个班子部分领导由三门峡工地调来，部分有治淮经验，绝大部分却毫无经验，可是通过工作却成了真正大内行。他们就是后年搞三峡工程的预备队，已派了千五百人去三峡种菜。湖北方面则和全国百五十单位协作，作施工设计。看情况，第三个五年计划，必然将有这一项举世无匹的伟大工程在内！三峡发电量将比这里大二十五倍，我们敢于着手这个伟大工程，在世界上就是一种奇迹！看到这里许多十五六岁孩子在敲锣打鼓欢迎我们，我们真不知怎么说好了。下午还将去看工厂和医院，明早返武汉，要走两天汽兼火车，长约一千华里，等于由长沙到凤凰，这是我们全团中多数人没料想到的。比去怀来那次可紧张得多，也累一些，一百人中有二十多留在武汉，同来的也有了近十人病泻或其他，我幸好倒不曾病，带的药照吃，可支持到回京。天气相当冷，因为在武汉时，大家被动员少带行李，许多人都穿得极少，我把厚大衣留下，毛裤留下，以为洒脚洒手，提个袋袋可方便。天一冷，只好把汗衣汗裤全加上了，还另买了个口罩，最冷的昨天终算对付过去了。今天已放晴，还是极冷，房中烧有火盆，火虽已熄，总像有个准备样子。明天八点即上车返武汉，大致十八返京，下四点车，十九下二三时可以到京。这次"天宝宫人"也来了，多在一桌吃饭，比冰心还精神。荫浏到处照相，都说可惜你不来，来了可多看许许多多事物，对你工作也十分有意义。下次这种参观，刊物应当派有人来，经济。同来有中画家，无木刻和西画家，如有人来，也一定会有极好收成，因为壮观伟大之至。铁路也在兴修，今年十月即可通车，通车后，这一千里路就不算太长了。

闻廿五即将开会。在一起开。又文代或在（听人说）四月开。六月还有会。今年必然还有许多大事情出现。

弟弟等一定还在跃进。朝慧想必已上课。街道食堂如办成，我们全参加好。

二哥
三月十四下午二时

宣化

（一九六〇年六月二十六日）

三姊：

　　昨天上车恰是时候，差十分多点即开车。汽车到站，原来还隔相当长一段路，又过一长天桥。车上倒空空的，也极清洁，且有水喝。和一个大同煤矿工人同坐，听他讲起，才知"慢车虽慢一些，方便，因为人不拥挤，总有座位。快车可好挤，多站立。如事不急，倒是坐慢车上算"！天气适阴雨，车上极凉快。到时二点零三分，不误点，小璋已来接我，一会会即到了他们七层大楼办公楼。他们住处在后边，相当好。四嫂精神好得很，因为极清静，养了大小鸡十来只。孩子们下午回来，长得极整齐，极活泼，过一个星期天，礼拜一再上学。大妹妹一人在家住，上小学二年级，自己能梳双小辫，很快将如华华。董先生因事出门视察，大致过天才回来。天气冷些，动风时我穿上夹衫刚合式，这只是从北京来的证据，一般人似乎不怎么怕冷，因为已成习惯。也有穿得较厚的。闻张家口即较冷，多风。

　　这地方主要是钢铁公司，似乎有五万多人，十二个厂，是个工人城市。街上也相当大，离不多远。过天把必上街。预备礼拜一即动手工作，记半天。六号回北京，把牙处理后，再来。或许记一月。因为以瑛晚上不大开会，还可和她们讲些问题。《红旗谱》作者和王林都和董先生同事，同搞地下工作多年，极熟习。以瑛说到写作问题，分析即十分细致，懂得到当前下来的写不好原因，因为不懂透问题。懂问题的可又绝对无时间可写，也不习惯写。他们那么大一组工厂，就没有能培养写工厂史的作者可能。有文工团，因为对内起作用。可不易有专业作家。工人作家也只能写写诗。

住处晚上比北京凉快得多，更难得是清静。尽管远处火车总是叫，整个空间地面还是十分静。

　　朝慧要注意天热莫出门，吃东西小心些。在这里唯一不安处是吃得太好，当成佳宾相待。

从文
廿六日

四嫂等都以为你能来玩一天好，我说怕没时间。

宣化

（一九六〇年六月二十七日）

三姊：

在此一切均好。今天已起始工作。天气不怎么热，早晚衣黄夹衣刚刚合适。日中极热时，正等于我们早上出门划船时情形，惟室外还是燥一些。永远有微风，早晚风还要大些，幸好昨日一雨，并不如所传闻多灰沙。只有工厂中汽笛声和火车鸣笛声，其余声音均如被土地吸收。做事比八大处还好些。住处去街上似相当远，大致要三五天后才会有上街希望。百货大楼买一剃刀不能得，只好暂借老董的一用，可见上路匆匆，一事忘记，即易造成自己狼狈和别人麻烦也。

土地过冷，不易长草木，沿墙种些菜亦不怎么大。水比北京好。夜里盖中等厚被，无蚊子，白天不免有些苍蝇在窗间飞，不甚活泼，一拍即完事，照此情形，一月打卅只记录，大致可以超额完成也。可看当天北京报纸。住处八点以后即只我和四嫂及一保姆。以瑛和大小姐回来吃饭，其余三小将均住托儿所，只星期天始回家。家中养大鸡六只，在屋外散步，小鸡八只，在室中吱吱吱虽吵不吵。记得小时家中有小鸭时似更吵，但反而易引人入睡。还特别为买了支小毛笔，所以可用此笔写信。

二哥

宣化

（一九六〇年六月三十日）

三姊：

　　这里还凉快，日落小雨。工作进行得极好。只是血压又到了二百，头重时上午躺下不做，睡足时即不难受。以瑛等均忙，常晚到十二时才返家，只礼拜天无事，孩子一串回来，又忙一天孩子。孩子长得都很好。大小姐已能经管部分家事，下课回来即做功课，惟课外作业如抄生字等似乎太重了些，星期天也去学校打苍蝇或做别的事（养兔子等）。年龄小，事情多，竟像来不及玩应玩的，也不提倡唱歌等游戏，同样十来岁孩子群一大伙，从未见跳绳等集体游戏，闻系赶五年制。这种加速成熟方法，可能得变变，不然一到中学统成"小大人"了。

　　这里大街还不及昆明由省政府到近日楼那么长。只一百货公司，别无售杂货小铺子。两旁房子也比昆明的小。一到饭后，街上倒是挤挤攘攘，大多是钢铁公司中人。最大建筑是公司总办事处，七层楼，工字形，夜间多是日光灯白闪闪的，有时过十二时还不息。以瑛等住后边一列小独屋，和青岛房子相似，惟四周平地还未平，长不起花草，每家有几只鸡各处走动。生产部门离住处远，交通工具只有上面用的小汽车，各部门为增产超计划，以瑛等每日开会回来也总是疲乏不堪，参观根本不可能。我希望五号能回来，看情形到时也已经大致把要写的主要部分记录毕事。药还有吃的。这里医疗处还细心，只说"不要做什么事，休息好些"。我自己知道不要紧。来这里不大容易，不如一下子把应做的做完它。一天即只做三小时，也讲得不少，事情有了个脉络，将来贯串就好办了。每天可看当天北京报纸，收音机也可听北京中央台广播。王嫂如便中可买海带，可为他们寄两扎来。这里青菜中蒜苗豆角还是稀有物，小园地种了些小白菜，采吃时显得格外清香。街上似乎不见卖吃的。蔬菜由街坊分配。百货大楼倒应有尽有，还有极好练习本子，因为用的人不多，也不贵，是旧货。至于新来货，则如信封，黑虎虎的，一分五一个，相当贵了。小小新华书店，买书人可相当多，小儿书且专有一间房子，大人也在看，在买。画报或《人民文学》，架子上似无存货，或另在邮局出售。城市主要是工矿，生产单位即分散在百十里外，各有合作社，因此市上不可能如何热闹，白天也静静的。即最热闹的下午七八点钟，还像是静止的，因为一条大街有一千把人走动，已显得熙熙攘攘。小街门前多坐有老妇人和对门人讲闲话，枯瘦瘦的，加之土墙土地作为背景，所以不易见出精、气、神。小学生到处走动，也多瘦瘦的，青菜不够或有关系，大多数人闻长年吃盐菜。幼儿园供应大致好些，四岁以上也不能有牛奶吃。工矿发展速度快，生活资料中吃的一套赶不上来，大致是全国性，惟南方到夏天瓜菜必多些，北方地过寒，关外更甚，种菜园时间又不多，所以靠"植物肉"也不可能。将来或可望配套解决，即凡有工矿区必有一定从事生活资料生产的人来为其他服务，计划经济做到这么周至，就太妙了。

问候大家好。

从文

卅

宣化

（一九六〇年九月四日）

三姊：

　　上车时不到七点，在车站已排队一大段。车行约五十分钟，才到清华园站。十一点多才到居庸关站。走走又停停，上下总是换乘客。如为看窗外景物和车中社会面貌，坐这种车比起快车来有意思得多。车上用半斤粮票可买三大烧饼，照我的食量，一顿有一个，已差不多了。沿路峰峦田野多作浅翠绿色，十分好看。出关以后，土木堡到下花园一带是个盆地，庄稼好得很。车上人多大筐小篓带梨子、桃子，拳头大，梳小辫妞儿啃时水汁淋漓，可知必脆而甜。梨多是廿多年在京所见最上一级的。桃子竟从来没见过。问问是买的还是家里的？说是"凭购货证买的"。至于如何买法，即不明白了。柳条筐也编得大小整齐如一，可知是成堆生产。这类东西运到北京，将不下一元一斤，即这么价钱，也会一扫而光！又在清华园附近，还见西瓜堆成小山，不下数亩地，也是大而整齐，是待运供城市消费的。

　　二时到达，天气比北京稍凉，早晚可穿夹衣。粮菜奇紧。早知道这样，那卷海带和两把油菜带来，倒得用也（紫菜还是不妨从信中寄来，大有用）。更不巧是保姆已走，以瑞大舅爷也同车来，个子比小龙还高一级，同住下来，对于小璋家将不免有蝗虫、黏虫一扫光势。他至少比我能吃一倍。你想想情形，即可知是如何一种不巧！如能寄那个西柿酱，不妨带两罐来（先问问邮局），这里可得用。这回油带得及时，肥皂也合需要。只是忘了带些糖给孩子们，衣袋中那十颗糖，一位小将二粒平分，寒伧。我那么打量：如果要王嫂来一次，坐上八时车来，隔天回去，即可以带那瓶油，两罐西红柿，一卷海带，两把油菜，一点糖和别的什么,肉末酱也好。买来回票,省事(伊拉克[①]也是珍品)。总之,做运输小队长,带些吃的来,可以解除一些紧张,虽然也未必能根本解决。试想想看,不方便,即不必这么做。出外走走,才深一层明白"节衣缩食"的重要意义。这里干部每人必种菜三百斤。平时亦必用野菜搭吃。来时看到大办公楼后边大院坝晒满野菜,是准备贮下过冬的。每人收干野菜卅斤,是预定的。市民平时菜只日分三两,还不能及时供应。总之,住大城市里人,日子过得还是太好,有些甚至于不合理的好,不比较是不知道的。今年情形不同,家里凡是素菜可干吃的,不妨乘多时晒些干的,留下过冬。粮食方面能留即留下些。红薯上市时,可买的,即照去年梅溪办法,晒干片子,将来可和稀饭同吃。特别副食品尽少买。带来的鱼很好,如菜市还有机会,不妨买两斤,鲤鱼比小鲫鱼好得多,也能搁一二月。这里孩子统长得极好,十分活泼可爱,也不闹,星期天回家来如同过节。我们吃的汤是四嫂手种的西柿子做的,在墙边长得个个绯红,还像是今年仅见的东西,因为北京还不曾见过。

一来即大睡四小时。以瑛等忙得日夜开会。星期天也不在家。我想九……十号或者可以回来。也许因为吃的成问题,还得早些来合理。初步估计还是一礼拜即回。

四日 从文

血压不大好,高百九十,低百一十,别的不难受,只是晚上睡时头混乱,白天头重些。药在吃。带的够吃。

[①] 指从伊拉克进口的海枣,俗称伊拉克蜜枣。

阜外医院

（一九六一年一月下旬）

三姊：

今天量血压，已下降到极低点，高一百四十。低压虽还在九十，照医生说也已经和年龄要求相差无几。据闻主要影响是玉米油作食物。已第四次检血组成分，如胆固醇同时也下降到二百以下，问题大致就差不多了。闻心脏还是不大好。因此暂时还只服药降压灵一粒，不宜大降。过两天将进行一种针对心脏的什么治疗。左臂在用蜡热治疗，是躺在床上用一大块白蜡包住左臂，约卅分钟，隔日一次，明天以后将每日一次。吃的还是油多。今午吃鱼，量不少，大致在六两左右一盘，加二两油，因此油糊糊的，照目下说明，是可将胆固醇分配量减少有效方法（另一面也是调整较长时期营养单一，不足的一种疗法。），是照苏联治疗意见着手的。照我自己说来，倒是"吃得好，不用脑，长长睡，按日洗个澡"必然结果。闻巩固在气功，星期六才正式传法。事先看护已日日提到方法、过程、境界、问题、疗效。重点在气功。一点破，方法倒又似乎简单之至，即想出一定办法不用头脑而已。话说回来即正式承认二千年前的修仙学道的"导引"，和千多年前和尚的"参禅打坐"，以及十余年前会道门的"传法"，都有条件找出理由，加以承认，肯定，认为还有道理是也。目前说是"大脑皮层的休息控制"。事实上可能和"自我催眠"有关，惟照医学目前说明，是不提"催眠"字样，免得和巫术相混淆的。事实上到另外一时，恐还得回到这两个字上来。

《安娜》已看完，这本书有好处也有一定弱点。写事，笔明朗，如赛马，猎鸟，农事收获，及简单景物描写，都很好。至于写人，写情感变化，有些过细，不大自然，带做作处，似深而并不怎么扎实。乍看好，较仔细看，即觉得不十分好。托自己并不十分满意，是有道理的。评传说英译本将重要议论涉及批评社会制度，思想激烈部分多删节。因此重点转成"恋爱悲剧故事"，不大合符本来目的，评得中肯。周译似即此经过删节的译本，所以讲到社会问题，对话多含糊。又暴露旧俄上层社会生活之无聊，如俱乐部种种，还好。我想把《战争与和平》也看看。如还有屠格涅夫的《父与子》或其他，也看看，可对照得一印象。因为屠在背景描写上加工，有长处。写人分析较少，让人从谈话中见性格，见思想，方法上还是有长处，比托时时用解释方法分析情感，倒是屠的方法比较自然。看看这些十九世纪作品，有另外一种好处，即使我引起一种信心，照这种方法写，可以写得出相等或者还稍好些作品，并不怎么困难。难的不是无可写的人，无可写的事，难的是如何得到一种较从容自由的心情，来组织故事，进行写作。难的是有一个写作环境，成熟生命还是可以好好使用几年的。我想到的总还是用六七万字写中篇，至多有八万字，范围不妨小些，格局不妨小些，人事不妨简单些，用比较素朴方法来处理。如能得到较从容工作环境，一定还可以写得出几个有分量东西的。这自然也只是目下一种主观的估计，事实上脑子的使用还是有一定限度，未必能做到。最难的是作品写出来后，既能为自己批准，又能满足乎客观要求。这种矛盾统一是不容易的。我希望能有机会到西南走走，会可望有些收成。若一月后医生还说心脏不大健康，倒也许是另外一种转机，因为工作恐得改变。如能做半天工，或者将有"塞翁失马"事出现，有重新试来计划写个中篇可能。看看近来许多近于公式的歌剧、话剧及小说，写土豪、劣绅、军官等等恶人统不够深入，写好人也不怎么扎实，特别是组织故事多极平凡，不亲切，不生动，我还应当试把笔用用，才是道理。如真的照过去那么认真来写，一礼拜写个五六千字，用四个月或半年写一中型小说，不会太吃力，写成也一定不会太看不下去。

在这里杂志上看到几个短篇，都不好。都不会写，不会安排故事，不会对话，不会写人。没有办法看下去。报上特写写人事更加不易感动人。散文和诗写到景物时，都不知如何着手，文字不够用似的，也一点不真实。恐怕和每年选的选本作为标准也有关系。大家都用来学习，取法，越学范围越窄，再也无希望从文字上见新风格，或性格（恐怕得想点办法了）。报刊上似乎还不曾有人肯提及这个问题。正和工艺美术及美术上碰到问题一样，都只说"好"，事实上在讨论外销时，却都明白有问题，无市场。有的拿去展览即展不出。但是还是在照常生产。待改进生产，并不讳言。文学——一般报刊文学，商讨到如何提高现有水平质量问题似极少见。介绍外国的作品；如像一些诗歌，也都不怎么精彩，不知是什么缘故。是不是编辑注重点多不放在这上面，不大客观，还是另外尚有问题？这里放的几种理论刊物，就少有人翻阅，多崭新的摆在架上。有些连环画册倒翻得又油又破。住院的大部分还是知识分子，头脑劳动者，难道是头脑都太累，因此只想看看画册子消遣消遣？还是新文学和这个多数生活，根本上即并无什么关系？有一点让我看到有些如托尔斯太小说中列文感到的忧虑，即一吃过饭，好些休息室好几桌麻雀牌都坐上了人，几个女教授和中学女教员，都十分溜刷在行在那里洗牌，精神很好。玩得那么热心，正如把我带回到三四十年前社会环境中去，不免有点痛苦。因为让我体会到社会还是有一个相当多数，是只会从这个老方式寻开心得快乐的。还是有许多人乐于用这个方式消耗有限生命，而从书本上求真理得快乐，即或是"知识分子"，也并不怎么热心的。这也是一个问题，应当在文学中来提提。或讲讲什么什么不大好！但是说这个不免近于迂腐，因为社会还是习惯这么下去的。特别是一般书籍如果并不能给多数人比玩麻雀牌更大一些的快乐时，这些书籍再多也是无意义的。我以为《人民文学》还值得做些带主动性的试验，即把它分送到凡是受过大学或中学［教育］的机关干部、医生、看护，病院，生产单位如工厂……中小学教师……附一张测验表，提出些问题，问问读者欢喜什么，看过后有什么印象等等。有一时记得车上曾订得有，后来却只有画报和连环画了。我听到许多人说现代人小说都只欢喜《林海雪原》，原来欢喜的是惊险，是把看《七侠五义》的习惯情感转到新的

245

作品而觉得动人的。事实上这些读者更乐意看的也许还是新西游记新水浒传，至于什么短篇，可极少人有兴趣。至于诗，作者自以为政治性强的，读者却简直是全部挡驾，看不懂，无意思，不知说些什么事情。我们说文学应面对大多数群众，这个多数认真说来我们是太不明白，太不认真注意了。新作品对他们一点都不需要，你们可不曾注意到。新作品在这个真正多数起过些什么良好作用，你们也并没有认真注意到。你们可以说并不懂读者，作者也不懂，批评家写的文章，和一般读者且隔得更远了。许多作品只有准备写文章和教师要看，和多数读者全无关系。这实在是一种值得注意的事情！我在这里还看到几册电影刊物，多用旧戏编的，又看电视，也是京戏编的，到处是王爷、公主、元帅……我觉得这一切综合作成的影响，是不怎么好的。

阜外医院

（一九六一年二月二日）

三姊：

你把刀也带回去了，这里只好连皮吃苹果。今早听《游园惊梦》极好，不是李淑君即是杜近芳或言慧珠，不妨买一面密纹片过年。血压已降至一百五十——九十，看情形已到最低数，能巩固即不错了。其实能长保一百七十——一百已不错。

《战争与和平》极好，也译得好。看三册火焚莫斯科，不过用一章文字写，却十分生动。不过从彼尔眼中看去，却极感人。写法兵抢劫，也不过用一页文字，写枪毙平民，不过五个人，可是却十分深刻。真是大手笔。写决定放弃莫斯科的一次军事会议，却只从一个六岁女孩眼中看到一个穿军服的，和一个穿长袍的争吵，又有趣又生动，真是伟大创造的心！写战争也是文字并不怎么多，不到二三千字，却全局开展，景象在目，如千军万马在活动。都值得从事文学的好好学习！我们《红旗飘飘》文章有的是不同动人事件，可是很多却写得并不动人，且多相同，重点放在战斗过程上，表现方法又彼此受影响，十分近似——不会写！还是要学会它。你们做编辑的，事实也应分多学一些，把这个本领学好些，则随处可望点铁成金，草草数笔，即眉目生动。一般说，还是不够重视这一表现问题。也不怎么认真十分用十九世纪作品，和五四以来部分作品做参考对象，来有计划学习学习。如能仔细认真读一百种书，真的用一年时间来共同读一百本书，结果你们必然会觉得工作便利得多！对作者帮助也大得多！有些描写方法，安排，组织，表现技巧，乍看作者总是不太费力，却有极好效果。写景也是并不怎么着力，不必特别渲染，只是把当场应有的情形略略涂抹。又在极大事作、伟大人物描写上，常常做些比拟形容，似乎不甚庄重，可是结果却生意盎然，充满生命，转近自然。总之，一个善于学习的人，即可以学得许多东西，不善于学习，只呆记住什么人评论托或其他的思想意识，必须注意的具体长处学不到，概括的唯有教授写论文编讲义才用得上的论断，却记得特别多，结果是毫无用处，没有丝毫帮助。等于要王嫂记"营养学"，某种菜有多少"维他命"什么什么，去协和医院学炒菜配料，毫无用处。事实她应当到的却是"萃华楼大厨房"，那里有具体手艺，正是她所要知道的。你们也应当直接学多些。

　　礼拜天要小虎和朝慧来看看我也好（天气太冷就不用来），带小瓶橘子水来。医生今天说要吃，内中有钾，可解除盐问题。头这几天又不大好，不知何故，血压并未上升，食量却在减。腰有点不怎么。十二点还睡不着，也许是卧功半小时把精神回复过来？左臂大致还得换一种疗法。这里吃的有时贵些，数目不一定，平均总是一元多点一天。这里有本左拉《萌芽》，好大一本，或许会看完它。完全用学习的态度来看，还是新的经验，可得到许多知识，特别是表现方法，极有用。写人写事方法，有用。如能有时间把屠、契、佛……什么什么十九世纪的大手笔全看看，主要的看看，还是有意义。

二哥